U0724903

中国企业
跨国并购逆向知识转移
能力研究

刘　昂◎著

重庆大学出版社

内容提要

本书作者在对中国企业国际化行为进行研究时发现,创造性资产寻求被公认为中国企业对外直接投资的主要动因之一。中国企业由于自身知识和技术水平的局限,对拥有较高知识水平的发达国家企业具有很强的并购倾向。本书以中国企业跨国并购逆向知识转移为研究对象,主要内容包括绪论、中国企业跨国并购逆向知识转移能力系统分析、形成机理、作用机制与仿真、评价体系和评价模型的构建、实证研究以及提升中国企业跨国并购逆向知识转移能力的对策建议。本书弥补了国内外对中国企业跨国并购中的知识逆向转移的能力研究,为其他学者研究相关方面的内容提供了借鉴,也为中国企业的管理者提供了增强创新能力的有效手段和措施。

图书在版编目(CIP)数据

中国企业跨国并购逆向知识转移能力研究 / 刘昂著
. -- 重庆:重庆大学出版社,2021.11
ISBN 978-7-5689-3020-8

Ⅰ.①中… Ⅱ.①刘… Ⅲ.①企业兼并—跨国兼并—研究—中国 Ⅳ.①F279.247

中国版本图书馆 CIP 数据核字(2021)第 237309 号

中国企业跨国并购逆向知识转移能力研究

刘昂 著
策划编辑:史 骥

责任编辑:夏 宇 版式设计:史 骥
责任校对:谢 芳 责任印制:张 策

*

重庆大学出版社出版发行
出版人:饶帮华
社址:重庆市沙坪坝区大学城西路 21 号
邮编:401331
电话:(023)88617190 88617185(中小学)
传真:(023)88617186 88617166
网址:http://www.cqup.com.cn
邮箱:fxk@ cqup.com.cn(营销中心)
全国新华书店经销
重庆升光电力印务有限公司印刷

*

开本:720mm×1020mm 1/16 印张:10.25 字数:180 千
2021 年 11 月第 1 版 2021 年 11 月第 1 次印刷
ISBN 978-7-5689-3020-8 定价:59.00 元

本书如有印刷、装订等质量问题,本社负责调换
版权所有,请勿擅自翻印和用本书
制作各类出版物及配套用书,违者必究

前　言

INTRODUCTION

　　本书作者在对中国企业国际化行为进行研究时发现,创造性资产寻求被公认为中国企业对外直接投资的主要动因之一。中国企业由于自身知识和技术水平的局限,对拥有较高知识水平的发达国家企业具有很强的并购倾向,而创造性资产寻求的实现,关键在于知识位势较高的东道国企业向中国企业的逆向知识转移。然而,中国企业跨国并购逆向知识转移并不顺利,一方面,东道国企业作为逆向知识转移的输出方,其转移意愿、知识类型、传授能力和转移渠道等因素都对中国企业获取知识产生直接的影响;另一方面,中国企业出于知识存量不足、吸收能力薄弱、管理水平相对落后等自身原因,在跨国并购逆向知识转移中往往不能占据主导地位。因此,如何增强逆向知识转移能力,进而控制和引导逆向知识转移的完成,成为中国企业跨国并购提升其核心竞争力的重要课题。本书以中国企业跨国并购逆向知识转移为研究对象,梳理跨国并购逆向知识转移的相关概念、内容并界定逆向知识转移能力的内涵和构成,结合中国企业跨国并购的特点和知识管理实践,剖析逆向知识转移能力的形成机理和作用机制,设计中国企业跨国并购逆向知识转移能力的研究体系,综合评价逆向知识转移能力,提出促使中国企业跨国并购知识转移顺利进行的保障措施,进而增强中国企业的整体技术能力和竞争优势。

　　首先,本书解析了中国企业跨国并购的逆向知识转移行为并对其能力的内涵与构成进行了界定。本书以中国企业跨国并购逆向知识转移为着力点,剖析逆向知识转移的概念与相关理论,区分其与正向知识转移的差异性,确定跨国并购逆向知识转移能力的内涵与构成要素,为构建中国企业跨国并购逆向知识转移能力评价体系奠定了理论基础。

　　其次,本书揭示了中国企业跨国并购逆向知识转移能力的形成机理。通过分析创造性资产寻求和国际市场需求向导对中国企业跨国并购逆向知识转移的动因进行探讨,围绕逆向知识转移的主体、内容和载体,对知识特性、转移意愿、母子距离、转移能力和转移情境等逆向知识转移影响因素进行分析,探讨各因素与母子公司间逆向知识转移能力的相互作用关系及逆向知识转移能力的形成机理。

再次,本书采用网络演化博弈方法对逆向知识转移的作用机制进行仿真。主要分析了网络演化博弈在跨国并购逆向知识转移中的适用性,以及中国母公司与东道国子公司之间的演化博弈分析,在模型构建和数值仿真设置的基础上,以四种不同的经典网络结构对逆向知识转移行为进行量化分析,得出转移载体、信号传递噪声、单位成本、努力成本、转移机制等参数对逆向知识转移的作用机制以及它们对逆向知识转移能力的影响。

然后,本书构建了衡量中国企业跨国并购逆向知识转移能力的指标体系。本书借鉴国内外专家和学者的研究成果,同时结合中国企业跨国并购逆向知识转移的特性,从五个层面建立逆向知识转移能力评价指标体系:子公司转移能力、母公司吸收能力、知识传输渠道丰富性和选择能力、知识内容特性以及情景控制能力,运用社会网络分析法对指标体系进行筛选,并对筛选后的指标进行分析。运用基于熵权的三角模糊函数——TOPSIS 法来构建逆向知识转移评价模型,选取了四个中国企业跨国并购经典案例的逆向知识转移实践进行对比评价,验证了逆向知识转移能力指标体系的合理性和科学性。

最后,本书提出了提升中国企业跨国并购逆向知识转移能力的对策建议。主要从知识内容特性、情景控制能力、知识传输渠道丰富性和选择能力、子公司转移能力和母公司吸收能力五个方面进行讨论和研究,提出提升并购逆向知识转移能力的策略,为中国企业跨国并购后的逆向知识转移活动的顺利开展提供决策支持。

刘　昂

2021 年 5 月

目　录

C O N T E N T S

第①章　绪论

第②章　中国企业跨国并购逆向知识转移能力系统分析

第③章　中国企业跨国并购逆向知识转移能力形成机理

第④章　中国企业跨国并购逆向知识转移作用机制与仿真

第1章

绪　论

CHAPTER

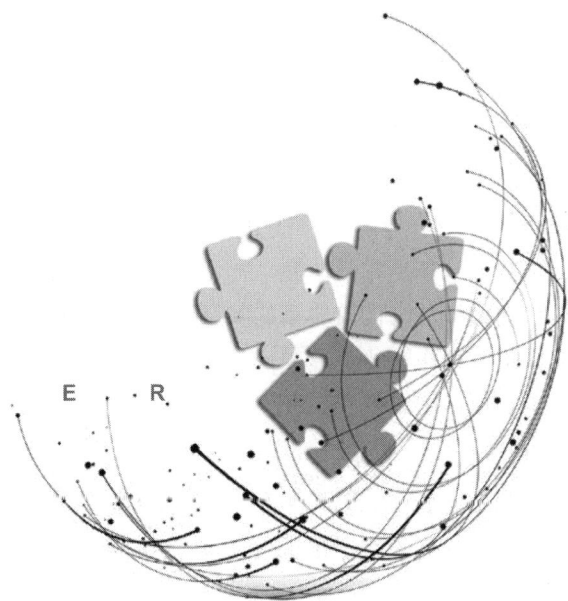

1.1 研究背景、目的与意义

1.1.1 研究背景

《知识经济时代》指出,在知识的推动下,世界经济的发展经历了三次变革,从早期的农业经济到近代的工业经济再到当代的知识经济,知识发挥着不可替代的作用[1]。知识作为竞争优势的来源和通过产生新的知识来更新竞争优势,已经获得众多学者的认同[2]。知识经济时代中获取知识的能力作为第一要素,成为知识经济时代最典型的特征,以不断的知识与技术创新作为基础,最终以知识密集型的产业特征表现经济形态[3]。知识拥有者掌握着核心竞争优势,如何促进知识跨国界流动与共享,推动先进知识的应用与发展,已成为知识经济时代的重要议题[4]。

基于此背景,世界各地企业为提高竞争力掀起了一波又一波的并购浪潮。前期的跨国并购浪潮多由发达国家和地区的企业所引导,它们率先完成资本的积累,并通过跨国并购,快速占领东道国目标市场,实现其全球化的战略布局。自 2003 年起,发达国家和地区企业跨国并购速度有所放缓,而发展中国家和地区的企业在全球跨国并购浪潮中所占的数量和比重逐渐上升。2013 年以来,中国企业的跨国并购数量迅猛增加[5]。荣鼎咨询的最新数据显示:2016 年全球宣布的并购交易规模总计 3.7 万亿美元,虽然比 2015 年的 4.4 万亿美元低 16% 左右,但在并购市场最为活跃的年份中,2016 年依然排在了第三位(仅低于 2007 年和 2015 年),全年全球并购交易数目达到 46 055 宗,比 2015 年增加了 0.8%[6]。2016 年中国并购市场类型分布表及中国并购市场发展趋势分别见表 1.1 和图 1.1。

表 1.1 2016 年中国并购市场类型分布表

并购类型	案例数/个	比例/%	案例数（金）/个	并购金额/亿元	比例/%	平均并购金额/亿元
国内并购	2 828	91.1	2 259	12 943.86	70.2	5.73
海外并购	237	7.6	187	5 230.21	28.4	27.97
外资并购	40	1.3	23	261.46	1.4	11.37
总计	3 105	100	2 469	18 435.53	100	7.47

资料来源：私募通,2017.01

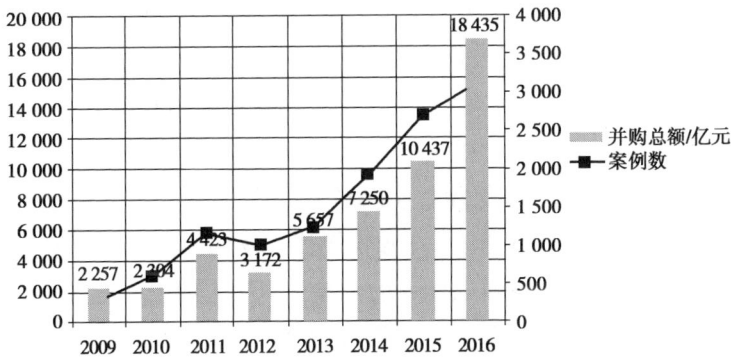

图 1.1 中国并购市场发展趋势

资料来源：私募通,2017.01

中国企业并购从行业分布上来看,以往的互联网、能源与矿产、IT、光电设备、机械制造、金融、生物技术及医疗健康等的并购依然是并购市场的重头戏。自 2009 年以来,受金融危机的影响,西方发达国家市场环境不容乐观,企业陷入经营与债务困境;相对而言,国内市场相对稳定,中国企业的跨国并购迎来契机,纷纷聚焦于海外市场。中国企业的全球化战略需求、创造性资产的寻求、海外企业价值被低估以及打开海外东道国的贸易壁垒是中国企业跨国并购的主要要素。2016 年中国人民币贬值压力加大、国内制造业升级以及海外资产价格偏低等因素,共同推动了中国企业跨国并购规模的持续上升,但是随着外汇管制的收紧、持续较低的并购交易成功率以及在新的环境下美国、英国等西方大国的孤立主义政策倾向,未来中国企业海外并购发展态势还存在一定的不确定性。随着"一带一路"政策的推进,跨国并购重组中必然更加注重知识资源的整合[7]。然而,现有的知识、管理、技术不能完全支撑中国企业的海外拓展,因而中国企业应

3

该吸纳并购企业先进的技术、人力资源、关系资源、结构资源和企业文化知识资源[8]，并且进行组织内、个人间知识的整合与转移吸收，形成新的知识系统[9]，推动并购企业一体化，加速技术创新，巩固、发展主营业务，提高自身的核心能力，应对并购市场的各种风险[10]。

在当代中国企业跨国并购活动中，创造性资产寻求作为跨国并购的主要动因之一，已被中国众多学者和企业认同[11]。如何实现中国企业对创造性资产的寻求，其核心在于跨国并购后东道国子公司逆向传递中国母公司所需的异质性知识即逆向知识转移。自 1990 年起，总部位于中国的跨国公司就开始着手并购东道国目标企业，并在当地开展研发活动反哺中国母公司，提升中国母公司自身的知识基础[12]。发达国家和地区已经完成工业经济—信息经济—知识经济的进化过程，从过去以垄断和规模化生产到后来以情报信息为基础竞争模式，进入现阶段用知识保持其竞争优势阶段，发达国家企业更强调知识的应用和创新，不仅重视企业从当地的外部环境中获取知识，而且更重视市场对知识的反应和运用，力求通过知识的先进性来保障企业的国际竞争力[13]。与发达国家和地区企业相比，中国企业缺乏知识的积累，在知识爆炸式发展的当今社会缺少利用关键知识和核心知识来扩充自身知识体系的经验[14]。由于中国企业的知识链往往不完整，在过去几十年里以"市场换技术"的背景下，不注重企业自身知识的积累与开发，为了建立企业的竞争优势和国际化的需求，中国企业跨国并购后依靠东道国子公司的逆向知识转移来扩充其自身的知识体系，因此，跨国并购成为中国企业迅速吸收先进知识的主要手段[15]。为了从东道国企业中更好地吸收所需知识，母子公司双方必须具备一定的知识转移能力。然而，中国企业通过跨国并购逆向知识转移获得的知识往往受到特定的情境影响。大多数中国企业成立时间较短，缺乏并购发达国家和地区企业并吸收目标企业知识和技术的经验，因此，中国企业在跨国并购后的逆向知识转移过程中发现，由于其吸收能力薄弱、协调和控制能力不足、知识管理水平落后于被并购企业，其难以在跨国并购后顺利地进行逆向知识转移。中国企业为获得这种能力和相关知识，可能需要对并购的公司采取某些特殊的管理控制策略，以便并购公司的雇员愿意分享他们的专业知识，并降低文化差异带来的消极影响。因而，同发达国家企业相比，发展中国家母公司自身知识基础薄弱、吸收能力不强、管理水平落后，而知识位势远高于母公司的海外子公司却拥有对知识的垄断，在跨国并购中控制着讨价还价权力的情况下，如何控制和达成知识的逆向转移就显得格外重要。

4

1.1.2 研究的目的和意义

1. 研究目的

本书研究的主要目的是提升中国企业跨国并购逆向知识转移能力,保障东道国企业的先进知识和技术能成功地转移并应用到中国母公司,增强中国企业的国际竞争优势和整体技术能力,进一步提升中国企业的自主创新能力。鉴于中国企业海外并购过程中以及并购后逆向知识转移中存在的问题,本书以中国企业跨国并购逆向知识转移为研究对象,以逆向知识转移能力为研究内容,剖析跨国并购逆向知识转移能力的形成机理,并对逆向知识转移的作用机制进行仿真,构建中国企业跨国并购逆向知识转移能力评价指标体系,在此基础上,通过实证分析中国企业跨国并购的典型案例,对中国企业跨国并购逆向知识转移能力进行评价,并根据实证结果给出对策建议,为提高中国企业跨国并购后的逆向知识转移提供科学的实现途径,为增强中国企业逆向知识能力、知识创新能力和市场竞争力提供科学的指导。

2. 研究意义

1) 理论意义

发展中国家企业在创造性资产寻求的驱动下对发达国家企业直接投资,是近年来兴起并快速壮大的一种投资现象。目前,国内外学者尚未对逆向知识转移及其能力进行系统的研究。本研究的主要理论意义体现在以下两个方面:

一是为中国企业跨国并购逆向知识转移能力进行深入的研究提供了理论和方法支持,有助于知识转移领域学术研究的延伸与拓展。企业并购的知识转移是双向的,对中国企业跨国并购的知识转移,更多的是子公司作为知识源的逆向转移,而母公司即中国企业作为接收方。逆向转移的过程、方式、渠道、知识特性等对于转移的能力与效果影响以及逆向知识转移的形成和作用机制研究,国内学者对此的研究相对较少。本书梳理了国内外对逆向知识转移的研究,结合中国企业跨国并购中知识转移的特点,研究中国企业跨国并购逆向知识转移能力评价模型,深入探讨知识转移的过程、方式以及治理机制,最后采用案例分析的方式,通过调查问卷数据收集,对案例进行定量分析。本书弥补了国内外对中国企业跨国并购中的知识逆向转移的能力研究,探索了研究中国企业知识逆向转移的能力评价模型,为其他学者研究相关方面的内容提供了借鉴。

二是丰富和发展了并购知识转移理论的研究成果。国内外学者对企业跨国并购的研究较为广泛,已经形成较为完整的研究体系,他们从不同的角度出发,研究知识转移的相关问题。然而,目前的学术文献主要是对正向知识转移(也有学者称之为传统知识转移)或双向知识转移的研究,而对我国企业跨国并购逆向知识转移的研究特别是逆向知识转移能力的研究较为罕见。本书不仅拓宽了跨国并购企业逆向知识转移的研究方法和内容,而且进一步丰富了相关理论研究。

2)实践意义

一方面,在信息时代的前提下,知识是构成企业核心竞争力和竞争优势的关键因素,中国企业在跨国并购后吸收东道国子公司逆向转移知识的效果较差,因此如何在全球化的过程中把握逆向知识转移是中国跨国企业增强竞争力的一个重要问题。本书的研究结果有助于中国企业更好地认识逆向知识转移,并为它们提供促进知识有效转移的组织工具和管理措施。另一方面,本书不仅为中国企业的管理者提供了一种技术能力提升的崭新思路,展现了这一实现过程及过程中的障碍与挑战,而且也为他们提供了一些解决障碍、提升逆向知识转移能力、增强创新能力的有效手段和措施,以促使中国企业更快地成长起来。

1.2   国内外研究现状

Romer、Lucas 等经济学家基于新古典增长理论,把知识定义为资本和劳动力两个生产要素以外的第三个要素,构筑了内生经济增长理论,该理论将经济增长的真正动因归结为知识的增长,奠定了知识作为企业财富增长引擎的重要地位,指出了全球经济发展的趋势[16]。Kogut 和 Zander 基于内部化理论,认为跨国并购是知识跨国界转移和应用的推动力,能提高并购双方的应用和创新能力[17]。知识管理是为了提高企业竞争力而对知识进行识别、获取和发挥其作用的过程,在此过程中知识转移是企业从外部获取知识并实现内部共享应用的重要环节。知识在组织内流动或者从一个组织(个体)向另一个组织(个体)转移并不是自发的,转移过程中既有转移阻碍也有转移成本,提高知识转移能力和效果一直是国内外学者研究的课题。

1.2.1 国外研究现状

1. 逆向知识转移及其存在性研究

逆向知识转移存在性研究,早期的研究主要是以经济学的思维寻找逆向技术转移存在的证据。Mansfield 和 Romeo 随机抽取了 30 个总部设在美国的跨国公司来证明对外直接投资不仅是知识流出。他们对 1976—1982 年的样本数据使用道格拉斯生产函数估计模型进行回归分析,结果表明,母国企业在东道国进行的研发投资(包括跨国并购),对母国企业技能水平的增长和知识体系的完善有积极影响,且比母国企业自主研发投入到再产生的时间周期更短[18]。Gupta 和 Govindarajan 通过对 112 个跨国公司的样本进行研究,证明跨国企业要不断扩充和更新其知识存量,外国子公司和跨国企业 FDI(对外直接投资)是获得新资源的重要来源。Håkanson 和 Nobel 对瑞典跨国公司进行研究,母公司向子公司的知识流动水平高,逆向流动被冲抵,结果表明逆向效果不显著,但没有提供不支持逆向知识转移原因的证据[19]。Subramaniam 和 Venkatraman 对发达国家和新兴经济体跨国并购行为进行研究,认为并购企业作为隐性知识的载体,其所拥有的隐性知识存量和如何高效利用隐性知识,对并购企业的市场份额和全球产品开发起着决定性的影响。Almeida 等人对芯片行业的跨国公司内部知识流动的方向和知识流动的推动力进行研究,结果表明,跨国公司能有效地控制优势知识进行水平和垂直流动,并通过这种控制能力来保持其知识的更新和企业竞争力[20]。Berdrow 和 Lane 认为,无论是从理论层面还是战略层面,"逆向知识转移"即"逆向流动的改进和创新的知识",获取子公司的知识可以更好地帮助母公司制订全球战略,并为全球市场开发新的产品和服务提供技术支撑[21]。

随着知识管理领域的专家和学者对知识转移研究的深入开展,越来越多的研究证明,逆向知识转移存在于跨国公司知识流动中。Ambos 等人根据 294 个跨国公司知识转移的数据分析,认为在跨国公司组织的内部网络中,跨国公司总部作为先进知识和能力的主要来源的传统作用正在改变,越来越多的总部成为其分散子公司的知识接收者,并确定了影响总部从逆向知识转移中获益的关键变量[22]。Schotter 和 Bontis 采用多案例研究的方法,对一家制造企业的六个海外子公司进行问卷调查,证明母公司吸收海外子公司逆向转移的知识。研究结果表明,子公司的自主性、母公司的管理措施和知识的异质性都是子公司知识发展的必要前提,沟通和激励是母公司吸收子公司知识的基本手段[23]。Eden 通过整理 2000—2008 年国际商业和管理的相关文献发现,跨国公司的母公司的获益在很大程度上依赖于整合和使用来自子公司的知识,逆向知识转移对母公司的创新有积极的推动作用[24]。McGuinness 等人认为,传统管理角度中公司总部作为知识创造方在跨国企业里已经发生了变化。越来越多地理分散的子公司需要充当神经网络,逆向给总部传递知识。McGuinness 等人建立了逆向知识转移的多视角模型,为管理人员提供了一个基于整合视角的逆向知识转移战略分析的重要工具[25]。Park 和 Vertinsky 使用结构方程模型对 199 个韩国合资企业的调查数据进行分析,研究结果揭示了母子公司逆向知识转移和正向知识转移之间的共生关系,逆向的知识转移为合资企业子公司提供了与外国母公司之间相互作用的机会,创造了一个双向的隐性知识流动和非正式的相互学习的基础平台[26]。

2. 跨国并购逆向知识转移影响因素研究

随着逆向知识转移的存在性研究的确认,有一些国外学者开始寻求逆向知识转移的影响因素。由于受到宏观数据的影响,这些学者只能从东道国——母国国家层面以及产业层面着手研究,而关于母子公司层面的影响因素分析,在国际企业领域则主要以问卷调查为主要数据来源。本书在总结归纳国外学者研究的基础上,将跨国并购逆向知识转移的影响因素进行归类介绍。本书所研究的影响因素是指逆向知识转移相关者的动机、认知、转移主体的能力、组织机制以及转移情境等方面的既定因素,将现有的跨国并购逆向知识转移国外主流文献所关注的影响因素归纳为知识的特性、转移主体的能力、组织机制和转移情境四大类,具体描述与界定见表 1.2。

表 1.2　逆向知识转移影响因素研究

影响因素	内容	文献
知识的特性	显性知识、隐性知识	Nonaka 和 Krogh(2009)
	可成文性、可观察性和嵌入性	Håkanson 和 Nobel(2000)
	内外部网络的嵌入性	Najafi-Tavani 等(2012)
	内隐性、内部粘性	Szulanski 等(2003、2015)

续表

影响因素	内容	文献
转移主体的能力	获取知识的愿望、区域位置优势	Foss 等(2002)、Buckle(2009)
	母子公司知识共享的价值观	Najafi-Tavani 等(2012)
	子公司自治和影响力	Ambos 等(2010)
	母国知识基础和母公司科研强度	Gupta 和 Govindarajan(2000)
	沟通能力、激励制度	Peltokorpi(2015)
组织机制	单元间的关联、内部贸易和子公司自治	Foss 和 Pedersen(2002)
	基于个人和显性知识	Björkman 等(2004)
	企业结构、知识共享、激励机制、沟通机制、临时性团队和子公司社会化	Persson(2006)
	激励机制	Tuan(2012)
转移情境	结构框架、沟通、任务流程和企业文化	Lam(1997)
	内部情境、外部情境	Albino 等(2004)
	委托—代理关系、转移意愿	Yang 等(2008)
	知识共享与转移情境的互动关系	Thompson 和 Walsham(2004)

Nonaka 和 von Krogh 认为,知识可以分为两类:显性的和隐性的。显性知识是相对简单、易于表达和编纂的信息,而隐性知识有一个独特的特点,即它通常通过个人经验嵌入,因而很难从外部获取[27]。Håkanson 和 Nobel 基于知识的内容特性,塑造了组织知识创造理论,从理论和实证两个方面阐述隐性知识与显性知识在逆向转移时的相互作用,结果证实子公司的研发成果对母公司的技术升级有积极的推动作用,证实了逆向知识转移的客观存在[28]。Najafi-Tavani 等人通过调查母公司总部在英国的跨国公司子公司,分析了内外部网络的嵌入性对逆向知识转移的影响,发现子公司内部嵌入性有正影响而外部嵌入性有负影响[29]。Szulanski 认为,内隐性知识是未被表述的知识,即非有意习得的不易表述知识。拥有隐性知识的个体或集体可能无法察觉自身拥有此类知识,它的形成具有偶然性,与周围环境、个体经历有关,他对多个跨国企业的逆向知识转移中涉及的隐性知识转移进行实证分析,提出了著名的知识转移五阶段模型[30,31]。

无论是传统的知识转移"母公司—子公司"还是逆向知识转移"子公司—母

公司",所涉及的主体都是知识的输出方和输入方,研究跨国并购逆向知识转移主体的能力,通常从母公司转移动机、子公司转移意愿、母公司吸收能力、母子公司间的沟通能力和激励机制等几个方面考察。Foss 和 Pedersen 研究表明,获取知识的愿望可以直接驱动跨国公司对外直接投资[32];Buckley 也认为,随着全球化进程的推进,跨国公司越来越把区域位置和知识所有权当作主要的竞争优势[33]。Najafi-Tavani 等人的研究表明,母子公司共享的价值观促进逆向知识转移,且子公司转移意愿在共享价值观和内部嵌入性对逆向知识转移的影响都具有中介作用[29]。Ambos 等人认为跨国并购后子公司有逆向知识转移的需求和意愿,子公司可以在逆向知识转移的过程中从母公司获得更大的影响力和获取更多的利益,子公司把自治和影响力作为重要的两个维度,利用其知识资源在追求自己的目标、实现更多自由的同时,也会影响跨国公司的战略布局[34]。Gupta 和 Govindarajan 指出,虽然母公司的知识管理、学习氛围、情报工作以及与子公司间的知识代沟影响母公司对子公司知识的吸收,但是母国知识基础和母公司自身的科研强度对吸收能力也有一定的影响;如果母国的技术水平和东道国之间的差距较大,则知识接收方与提供方之间的知识距离过大,这样容易增加新知识和原有知识之间的衔接难度,知识接收方将很难理解和吸收转移来的新知识[35]。Peltokorpi 利用日本海外子公司 661 个职能部门在两个时间点获得的数据,将企业语言水平(沟通能力)与逆向知识转移提供了直接和互动效果的支持,并利用能力—激励框架假设,证明沟通能力为跨国公司下属子公司向跨国公司总部转移知识提供了保障,且丰富的沟通媒介在逆向知识转移过程中起到了调节作用[36]。

组织机制对跨国并购逆向知识转移有促进作用,能有效地弱化逆向知识转移过程中主观和客观的不利影响,跨国并购逆向知识转移的首要问题不是知识管理措施的制订,而是选择合适的组织机制来提高和促进知识流动。Foss 和 Pedersen 最早提出了这个观点,并开始着手研究组织机制与知识转移之间的关系。他们利用回归技术对单元间的关联、内部贸易和子公司自治三种组织机制,以及它们与知识类型匹配后对知识转移的影响进行分析,证实了不同特点的知识需要的组织方式和转移条件也不同[32]。Björkman 等人通过对 81 个跨国公司对外直接投资项目的调查数据整理分析,研究基于母子公司员工(个体)与显性知识的两种机制,发现 25% 的子公司不同程度地发起或参与逆向知识转移,其中基于员工的机制对逆向知识转移的促进最为明显[37]。Persson 搜集了 74 个海外子公司的数据,设计跨国企业子公司层面逆向知识转移的框架来研究组织机制和知识转移之间的关系,研究结果表明:企业结构、知识共享、激励机制、沟通机制、临时性团队和子公司社会化对逆向知识转移有正向影响,而常设团队作为横向一体化机制的重要内容,对知识转移产生负面影响[38]。Tuan 认为,知识共享、知识转移和知识创新是跨国并购母公司想要获取并用于保持其竞争优势的,当知识由一方共享或转移到另一方,知识可以增加其价值,而促成知识共享和转移的除了知识本身的价值,还要有一个良好的激励机制[39]。

逆向知识转移的情境,在逆向知识转移影响因素中举足轻重。Lam 通过对日本和英国两家高科技公司在知识密集领域的密切合作的实证分析,说明了知识的社会嵌入性是如何阻碍跨国合作和知识转移的,他提出了知识转移的情境模型,并指出了知识的内隐性内嵌于组织的结构框架、沟通方式、任务流程和企业文化等情境中,脱离了这些情境,容易出现知识转移的不对称,因而无法在组织内或组织间进行转移[40]。Albino 等人提出,从组织层面来看,转移情境是知识转移的基本问题,可分为内部情境和外部情境,分别对应隐性知识和显性知识。显性知识容易被获得并转移,而隐性知识往往与特定的制度有关,知识转移双方的企业背景类似,则知识转移易于达到预期效果[41]。Yang 等人认为,由于跨国公司内部的委托—代理关系,母公司逆向学习子公司的意愿弱于子公司学习母公司,研究发现,逆向知识转移其实质是一个说服的过程,而知识的关联性促使母公司聚焦于子公司的新技术和新知识[42]。Thompson 和 Walsham 利用 Blackler 的知识类型分类来说明知识转移双方之间的共享和情境的互动关系,知识本身是不可捉摸的,仅当被转移的知识依附于某些特定情境时,知识发出方(子公司)才能及时有效地表达其需求,同时知识接收方(母公司)更容易吸收和整合被转移的知识,知识整合后运用的范围由知识的情境嵌入性决定[43]。

3. 跨国并购逆向知识转移过程研究

针对知识发生转移的过程,国外学者主要集中在转移路径方面的研究,而对知识通过怎样的方式、如何动态地转移研究得比较少。Hedlund 基于知识的分类和载体两个维度,认为知识分类指的是将知识分为明显的知识和隐藏在技能里的知识,并提出了知识转移过程的模型[44]。Teece 等人第一次把"动态"的理念嵌入企业能力的研究中,指出知识转移的动态过程,实质上就是企业对其有用的知识吸收、整合的一个动态过程[45]。Szulanski 认为,知识转移是知识在特定的情况下从发出者向接收者传递的一个过程。他把知识转移分为四个阶段:初始阶段、执行阶段、冲刺阶段和整合阶段,并用标志性事件来区分每一阶段的起止点[46]。

有部分国外学者,如 Mudambi 等人认为逆向知识转移的过程与传统的知识转移相比,转移内容、转移路径和转移方式基本相同,只是转移的主体不同,前者是子公司转移给母公司,后者是母公司转移到子公司[47]。还有一部分学者认为,逆向知识转移的转移过程与正向知识转移是有区别的。Najafi-Tavani 等人对设立在英国的 178 家知识密集型子公司的逆向知识转移数据进行分析,结果表明,子公司特征(子公司转移意愿和公司外部嵌入)和关系特征(内部嵌入性、社会化机制和共同的价值观)影响逆向知识转移的过程,其中子公司意愿和社会化机制是逆向知识转移的决定因素[29]。Nair 等人运用 OLS 回归检验总部在印度的公司跨国并购海外公司的逆向知识转移过程,他们认为发达国家子公司的知识势差和发展中国家母公司的说服能力,在逆向知识转移过程中举足轻重[48]。McGuinness 等人基于多视角模式,对总部位于英国的跨国公司逆向知识转移进行研究,提出了逆向知识转移多视角特征要素模型[25]。研究结果表明:知识结构、文化距离、逆向知识转移的动机和逆向传递新知识的能力等因素可以缩短逆向知识转移的进程,通过考虑构成不同结构的组合变量,建立最佳化的转移方案。

4.跨国并购逆向知识转移能力研究

目前,国外学者对知识转移能力的研究,大部分都聚焦于知识的吸收能力,或者将其他能力归入吸收能力里面。本书认为,无论是逆向知识转移还是传统的知识转移,转移过程依赖能力的配合,本书所说的能力并非单独的某一种能力,而是一系列能力束或者以各种能力为基础所凝聚而成的合力,本书在跨国并购逆向知识转移中将其称为过程能力。国外相关领域的专家学者认为,能力是潜在的、动态的、无形的主观能动条件。对于能力的解读,Radhakrishnan 等人认为,能力根植于组织的流程之中,主要指组织管理和运营过程中能有效配置重要资源的本领[49]。Zahra 和 George 提出了知识转移能力的四个方面:知识获取、知识吸收、知识转化和知识利用[50]。知识的获取和吸收形成潜在的吸收能力,而知识转化和利用将转移过来的知识变成自身的能力,需要注意的是,企业能顺利获取和吸收所需要的知识但不一定能够转化和利用这些知识来创造价值。Le 和 Evangelista 认为,学习能力(或吸收能力)是知识转移的基础,认识新知识的价值,才能吸收它,并将它应用于商业目的,知识接收者缺乏学习能力是知识转移的一个关键障碍;此外,跨国企业需要有一定的能力能够解释来自外国子公司不同形式的信息,同时保持其意义和价值[51]。Mu 等人通过研究知识发出方的传授能力与知识接收方的消化能力的互动,发现两种能力综合影响转移的效果和知识量[52]。Kostopoulos 等人通过调查问卷和访谈,对 26 个总部在希腊的跨国公司进行问卷调查分析,发现知识接收能力的提高能够促进企业吸收外环境和子公司的知识,对知识转移有正向的推动作用[53]。Minbaeva 等人以设立在美国、俄罗斯和芬兰的 169 个跨国公司子公司为样本,考察了跨国公司人力资源管理、吸收能力和知识转移之间的关系。他们认为,吸收能力应包含员工能力和动机,人力资源管理和吸收能力影响跨国企业内部知识转移的结果[54]。Verma 等人认为,随着知识的日益更新和环境动态性的增强,学者们开始聚焦于企业对知识的捕获能力,企业知识的捕获能力已经被概念化为动态能力,包括感知能力、反应能力和吸收能力,其中吸收能力在知识流动的动态过程中起中介作用和调节作用[55]。

1.2.2 国内研究现状

国内学者对逆向知识转移的研究较少,根据统计,截至目前国内关于逆向知识转移(含逆向知识溢出)的文献仅 50 余篇,而其中以发展中国家企业跨国并购为研究对象的逆向知识转移文献更为稀少,且研究的时间起步相对较晚,主要的学术成果集中出现在 2010 年以后。

1.跨国并购逆向知识转移及其存在性研究

关于逆向知识转移的存在性研究,国内学者大多继承了国际上的已有研究成果,并基于中国企业的特点对国外学者的研究进行了补充和拓展。刘明霞对国外学者关于逆向知识转移的研究进行了系统的归纳,肯定了逆向知识转移的存在,并认为近些年逆向知识转移呈现出更加多元化的新趋势,具体体现在逆向知识转移更加主动,转移的内容更加丰富,转移的手段更加先进[56]。易加斌和张曦界定了跨国并购逆向知识转移的内涵,从并购双方的主体、动因、信任程度、知识特性等方面,对跨国并购逆向知识转移影响因素进行综述,并在此基础上提出了一个知识整合研究框架,并指出了未来可能的研究方向[57]。吴昌南和曾小龙整理了国外近期跨国公司逆向知识转移的相关研究,分析知识复杂性和多样性视角下的逆向知识转移,剖析转移路径和转移过程步骤对逆向知识转移的影响,并提出中国应适度地防止在华子公司向其母公司进行逆向知识转移,中国海外公司也应该有效地发挥海外子公司的逆向知识转移以增强其竞争力的观点[58]。赵剑波和吕铁认为,改革开放以来,中国企业通过自身的研发在其行业领域内积累了适用于中国国情的技术和知识,在国内市场上具有竞争力;纵观国际市场,中国企业大部分还处于"闭门造车"的研发阶段,已不能满足国内快速增长的市场需求,在此情形下,并购国外拥有相关先进知识的企业成为中国企业在技术上追赶的"快速通道"[59]。蒋陆军和李静认为,中国企业跨国并购的目的已经从资源寻求型逐渐向知识寻求型转变,如何通过并购实现发达国家技术领先企业向中国企业的逆向知识转移,已经成为亟待研究的重要问题[60]。杜丽虹和吴先明认为跨国并购逆向知识转移是获取东道国子公司先进知识的有效途径,从战略和能力视角研究跨国公司逆向知识转移的母公司作用机制,发现母公司国际化战略导向、母子公司控制程度、吸收能力和转移支持制度对逆向知识转移效果具有显著影响[61]。

2. 跨国并购逆向知识转移影响因素研究

肖振红等人基于网络演化博弈模型,结合知识管理领域视角与交易成本理论,将诸多影响因素进行归纳提炼,并将其定义为母子公司在知识逆向转移过程中付出的单位成本和努力成本,其中,单位成本表示的是跨国公司的子公司和母公司分别对知识进行整理和逆向转移、学习与吸收所需要付出的成本,努力成本表示的是子公司和母公司为促成知识的逆向转移所付出的努力和代价[62]。刘明霞和于飞以国际企业领域的相关研究为出发点,把逆向知识转移分为主观因素(具体包含知识特点、母子公司双方的特点和母子公司间的差异)、心理因素(具体包含转移动机、转移认知和行为)和组织机制因素(沟通机制、激励机制等)[11]。任晓燕和杨水利2013年在中国100家大型跨国公司中随机抽取30家作为研究样本,分析子公司知识的价值、母公司知识挖掘能力、母国与东道国的知识基础差异、文化差异和母公司战略对逆向知识转移的影响[63]。杜丽虹和吴先明基于母子公司因素的影响差异,将逆向知识转移影响机制分为四类,即同时关注战略导向和吸收能力的主导型、侧重知识吸收能力和创新的应用型、侧重知识寻求战略导向的调度型以及两者均较弱的被动型[61]。易凌峰和侯英姿以母公司员工外派到东道国子公司学习为出发点,将逆向知识转移看作一个学习子公司先进知识的过程,知识转移过程受到母公司员工知识结构、激励机制和子公司传授意愿的影响[64]。

3. 跨国并购逆向知识转移动态过程研究

李柏洲和徐广玉认为,降低被转移知识的粘滞程度能提升知识转移效果,加速知识转移的进程,行为控制、结果控制在知识粘滞与知识转移绩效关系间具有调节作用[65]。研究结果表明:行为控制正向影响知识粘滞与知识转移绩效间的调节,而结果控制负向影响知识粘滞与知识转移绩效间的调节。刘国巍和张停停基于 ESS 和 CAS 理论分析视角,针对跨国公司母子公司间逆向知识转移的网络关联特性和群策略演化问题,以网络视角剖析跨国公司逆向知识转移的内涵与过程,在此基础上构建具有星型网络结构的跨国公司逆向知识转移进化博弈模型,通过求解稳定策略分析母子公司间逆向知识转移的群策略演化路径[66]。蒋陆军、李静在分析逆向知识转移所面临障碍的基础上,提出可以通过整合企业文化、优化治理机制、建立社会化交流机制和明确角色定位等方面的措施,加快实现逆向知识转移,并以吉利并购沃尔沃汽车为案例对其逆向知识转移过程进行分析[60]。刘明霞构建了逆向知识转移的广义模型(图1.2)。她认为,跨国并购逆向知识转移的过程,实质上是海外被并购的子公司,在东道国的环境中产生或获取的知识,经整理后通过各种方法和手段传递给母公司;中国母公司对子公司传递过来的知识进行吸收和整合,融入母公司自身的知识体系中,并在运用中不断创新,最终将知识传递给母国同行业企业[67]。

4.跨国并购逆向知识转移能力研究

国内学者针对逆向知识转移能力评价的研究尚未涉足,刘明霞、吴先明等学者对逆向知识转移能力做了概念性的介绍,所涉及的能力也仅局限于母公司的吸收能力和子公司的传播能力两个方面,并未形成系统的评价体系。因此,本书在此处借鉴了国内学者对正向知识转移能力所做的研究。

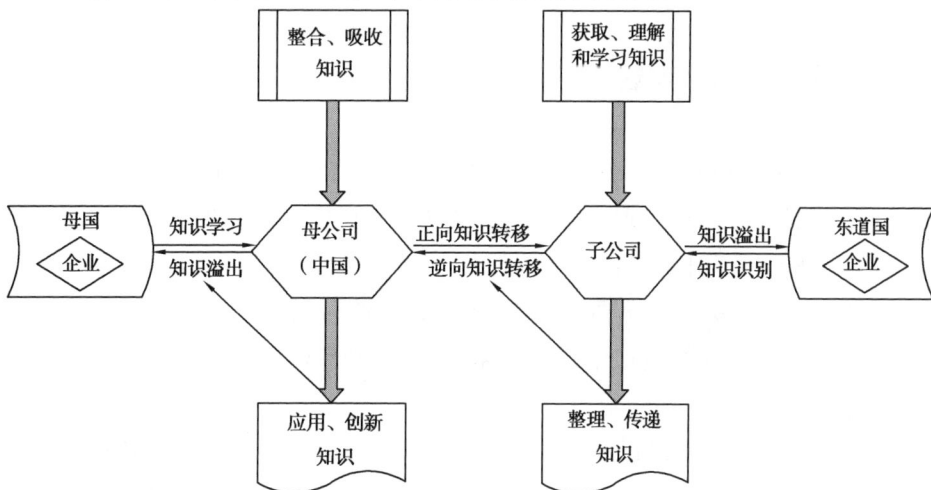

图1.2 逆向知识转移过程的广义模型

资料来源:刘明霞,2012

陈伟等人基于技术创新信息论的角度对企业知识转移能力进行了分析,运用"知识量"和"知识熵"等参数对企业知识转移进行量化测度,评价企业技术创新知识转移的有效性;结果表明,对"不确定性"和"转移发生概率"的控制是企业知识转移管理的重点[68]。尤天慧和李飞飞基于国内外学者对知识转移的研究,提出知识转移能力的构成要素,认为知识转移能力应包含知识发出方的传授能力、知识接收方的吸收能力、知识交互能力和组织支撑能力,并构建了知识转移能力评价指标体系来衡量知识转移的能力[69]。王建刚和吴洁通过 164 份问卷数据来验证知识转移能力对企业竞争优势的调节作用,认为知识转移能力影响企业竞争优势的建立,其中吸收能力正向调节网络中心性、稳定性与企业通过知识转移树立竞争优势的关系,知识扩散能力增强网络中心性的正向影响,而减弱网络稳定性的正向影响[70]。刘明霞认为,逆向知识转移能力应包含子公司的转移能力和母公司的吸收能力,子公司的转移能力取决于母公司对其在海外的定位、使命和子公司获取或拥有先进知识的数量;母公司的吸收能力则体现在:知识的获取、消化、转化和利用四个方面,因此增强逆向知识转移能力必须重视母子公司双方能力的建设[67]。杜丽虹和吴先明基于对中国企业 FDI 的问卷调研,从母公司视角实证分析了知识共享能力、吸收能力和溢出能力等层面对逆向知识转移的影响作用,研究结果表明,母公司的知识吸收能力在不同类型知识的转移频率、不同层次知识转移效果的具体研究中,对逆向知识转移会产生不同影响[71]。

1.2.3 国内外研究现状综述

通过对国内外逆向知识转移的文献分析,本书认为学者们的现有研究在经济学层面和管理学层面都取得了一定的进展,为本书研究提供了借鉴和理论基础,具体表现在以下几方面:

(1)现有文献从经济学层面肯定了逆向知识转移的存在,管理学层面则对逆向知识转移的概念、界定标准、影响因素、组织机制和转移过程路径等问题进行了理论探讨和研究。

(2)国内外学者意识到传统的知识转移不能完全解决逆向知识转移的相关问题,国外学者开始采用不同的视角和方法对逆向知识转移进行研究,国内学者借鉴国外的研究成果并加以修正和创新。

(3)对逆向知识转移的深入研究有助于补充知识转移研究领域的视野和范

围,也可以拓展知识管理领域的研究。

现有的学术成果为逆向知识转移,包括进一步的转移能力的研究提供了一定的依据和理论基础,然而,目前逆向知识转移领域的研究较为宽泛,且大多数集中在逆向知识转移影响因素的制约方面,对能力的形成机理和作用机制的研究十分匮乏,亟待进一步深入研究,现有研究不足之处主要体现在:

(1)关于企业逆向知识转移形成机理研究,大部分学者的研究主要集中于知识内容特性、母子公司的特点和情境因素上,缺少逆向知识转移形成机理的系统性研究。

(2)虽然很多学者基于不同视角探讨了逆向知识转移的过程和作用机制,但是转移过程是动态的,其中涉及的环节和因素以及它们在不同时间和情形下母子公司相互之间博弈对逆向知识转移的影响并未阐明。

(3)国内外学者对逆向知识转移能力的价值和重要性认识不足,对逆向知识转移能力评价指标体系和评价方法的研究有待完善。

(4)现有的实证研究大多集中于发达国家的跨国公司母公司和子公司,缺乏对发展中国家企业跨国并购发达国家企业逆向知识转移的实证研究。

1.3　研究思路、研究内容和研究方法

1.3.1　研究思路

本书以设计中国企业跨国并购逆向知识转移能力的研究体系为目标,按照"概念与形成机理—作用机制与仿真—指标体系与实证—对策建议"的思路展开分析。首先,通过中国企业跨国并购逆向知识转移的概念梳理,界定逆向知识转移能力的内涵和构成要素,解析逆向知识转移机理及影响因素。其次,根据逆向知识转移影响因素对剖析逆向知识转移能力的形成机理,构建了基于网络演化博弈的逆向知识转移作用机制模型,通过数值仿真分析和计算逆向知识转移信号传递噪声、单位成本、努力成本和网络结构对逆向知识转移的作用机制。再次,结合中国企业跨国并购逆向知识转移过程、能力及机理,构建逆向知识转移能力评价指标体系,并运用基于熵权的三角模糊数—TOPSIS 评价模型对中国企业跨国并购逆向知识转移能力评价指标体系进行验证。最后,通过逆向知识转

移能力的测评,提出提升中国企业跨国并购逆向知识转移能力的保障性措施。研究思路如图 1.3 所示。

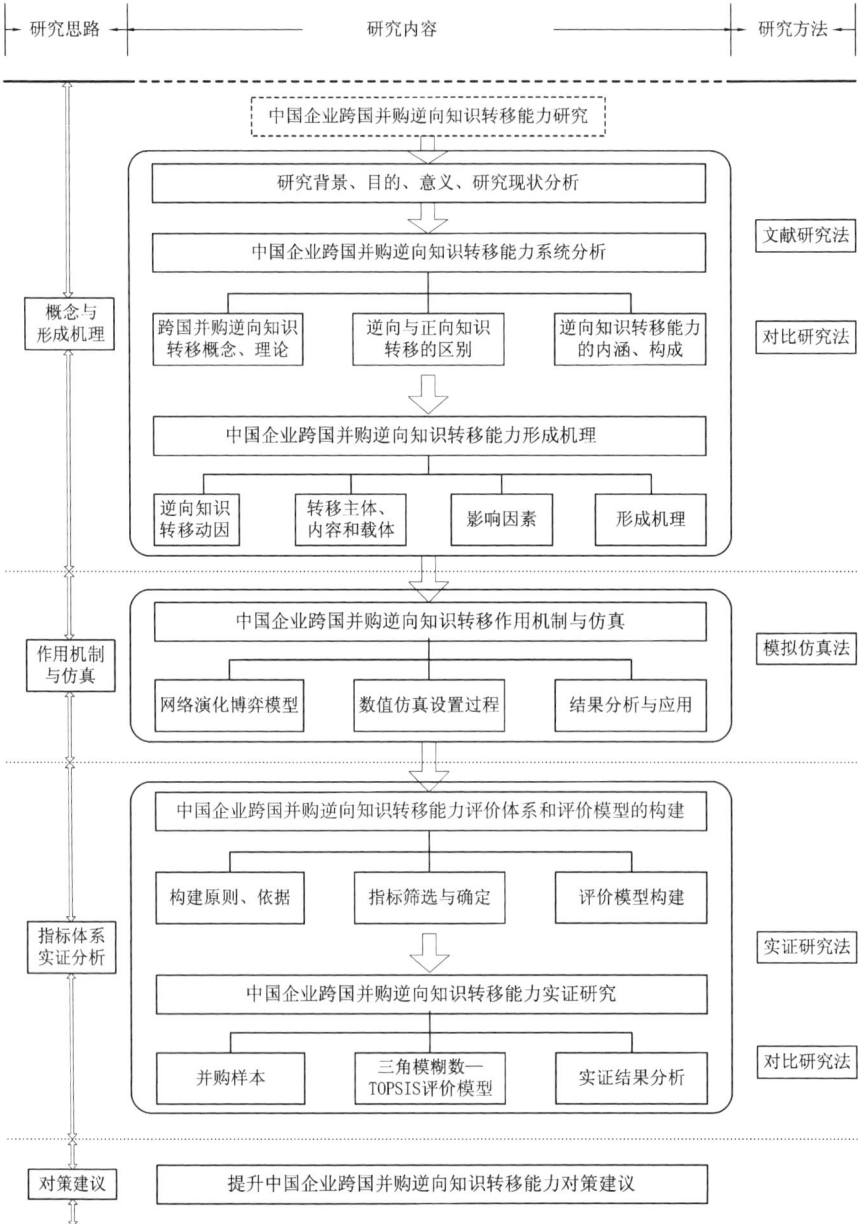

图 1.3 研究思路

1.3.2 研究内容

基于以上研究思路,本书研究内容主要分为以下七个章节:

第1章为绪论部分,主要介绍本书的研究背景、研究目的和研究意义,国内外研究现状及研究现状评述,本书的研究思路、内容、方法以及本书的创新之处。

第2章为中国企业跨国并购逆向知识转移能力系统分析,通过对跨国并购逆向知识转移相关概念的梳理,对比研究了逆向知识转移与正向知识转移之间的差异,并界定了逆向知识转移能力的内涵与构成要素,为后文的研究提供了理论基础。

第3章为中国企业跨国并购逆向知识转移能力形成机理,提出了创造性资产寻求、国际市场需求向导和战略整合是跨国并购逆向知识转移的直接动因,通过对逆向知识转移的主体、内容和载体的分析剖析了逆向知识转移的影响因素,构建了逆向知识转移能力的形成机理模型。

第4章为中国企业跨国并购逆向知识转移作用机制与仿真,证明了网络演化博弈在逆向知识转移中的适用性,建立基于网络演化博弈的逆向知识转移概念模型,对逆向知识转移作用机制进行仿真分析。

第5章为中国企业跨国并购逆向知识转移能力评价体系和评价模型的构建,提出了评价指标体系构建的原则和依据,根据前文对能力的界定、形成机理和作用机制,运用社会网络分析法对指标体系进行筛选,构建三角模糊数—TOPSIS评价模型。

第6章为中国企业跨国并购逆向知识转移能力实证研究,通过对比四次中国企业跨国并购经典案例的逆向知识转移进行评价并对各指标权重进行验证,对实证结果进行分析。

第7章为提升中国企业跨国并购逆向知识转移能力对策建议,根据理论分析与实证研究结果,针对中国企业跨国并购后提升逆向知识转移能力提出相应的对策建议。

1.3.3 研究方法

为了科学地展开上述研究内容,本书对上述主要研究内容分别采用文献研究法、对比研究法、模拟仿真法和实证研究法。

1. 文献研究法

在国内外研究现状及其评述、逆向知识转移相关理论部分采用了文献研究法,通过对国内外学者相关研究的归纳和梳理,对逆向知识转移的国内外研究现状进行评述,进而阐述了本书的研究意义和学术价值;在理论解析部分对国内外研究进行归纳和总结,由浅入深地剖析了逆向知识转移能力的内涵和构成要素,以及与逆向知识转移相关的理论基础。

2. 对比研究法

在逆向知识转移与传统正向知识转移的差异部分和实证研究部分采用了对比研究法,对比两种转移方式来分析中国企业跨国并购逆向知识转移的复杂性及其成因,在实证分析部分对选取的四个并购案例的逆向知识转移结果进行对比分析,验证了逆向知识转移能力在转移过程中所起的作用。

3. 模拟仿真法

采用模拟仿真法对跨国并购逆向知识转移网络中母子公司博弈行为进行仿真分析,对逆向知识转移作用机制进行基于网络演化博弈的模拟和论证,通过设置信号传递噪声、单位成本、努力成本、网络结构等参数进行分析和计算,对仿真结果进行优化和改进,并将结果应用到母子公司逆向知识转移的博弈决策中。

4. 实证研究法

选取中国企业跨国并购逆向知识转移的典型案例作为实证样本,运用基于熵权、AHP 权重的三角模糊数—TOPSIS 评价模型构建评价指标体系,对中国企业跨国并购逆向知识转移能力进行实证研究,通过实证结果,有针对性地提出了提高中国企业跨国并购逆向知识转移能力的对策建议。

1.4 创新之处

1.4.1 揭示中国企业跨国并购逆向知识转移能力的形成机理

剖析了中国企业跨国并购逆向知识转移的根本动因,明确了跨国并购逆向知识转移的主体、内容和载体,同时对中国企业跨国并购逆向知识转移的影响因素进行深入分析,分析出知识特性、母子公司间距离、母子公司转移意愿、母子公司知识转移能力、转移情境等对逆向知识转移的影响,探讨各因素间的相互作用关系及逆向知识转移能力的形成机理,为实现中国企业跨国并购逆向知识转移奠定了基础。

1.4.2 构建中国企业跨国并购逆向知识转移作用机制的网络演化博弈模型

运用网络流理论阐述中国企业跨国并购逆向知识的有效转移,构建了基于网络演化博弈的逆向知识转移作用机制模型,并基于四种经典网络设置了知识量、网络结构、单位成本、努力成本和信号传递噪声等仿真参数,对参数进行分析和计算,以解决逆向知识的获取和转移、母公司实施逆向知识转移的管理和控制问题,并给出了相应的对策建议。

1.4.3 构建中国企业跨国并购逆向知识转移能力的评价指标体系和评价模型

通过逆向知识传授能力的研究并结合中国企业跨国并购逆向知识转移的特征,从子公司传授能力、母公司吸收能力、知识传输渠道选择能力、知识特性和情景控制能力五个方面,构建逆向知识转移能力评价指标体系,运用基于熵权、AHP 权重的三角模糊数—TOPSIS 评价模型对中国企业跨国并购逆向知识能力进行评价。

1.4.4 应用构建的评价指标体系和评价模型对中国企业跨国并购逆向知识转移能力进行实证研究

通过对比四个中国企业跨国并购经典案例进行实证分析,科学合理地评价不同行业企业并购逆向知识转移能力和同一企业在不同时间并购不同的业务对象逆向知识转移各项能力所发挥的作用,并根据实证分析结果,提出了提升中国企业跨国并购逆向知识转移能力的对策建议。

第2章

中国企业跨国并购逆向知识转移能力系统分析

CHAPTER

　　跨国并购是一个被国内外广泛研究的重要课题,但是对跨国并购的逆向知识转移及转移能力的研究,理论界并没有明确的界定,这说明跨国并购逆向知识转移能力的研究尚未形成完善的理论体系。因此,在本章的系统分析中,先对相关概念和理论进行分析整理,再对逆向知识转移和正向知识转移之间的差异进行讨论,最后对中国企业跨国并购逆向知识转移能力的内涵和构成进行界定,为本书的后续研究与探索提供分析脉络。

2.1　跨国并购逆向知识转移的相关概念

2.1.1　跨国并购

1. 跨国并购的界定

　　兼并和收购是国际资本市场资本运营最重要的方式之一,几乎所有的国际型大企业不仅依靠内部扩张而成长,而且通过不断地兼并与收购(Merger and Acquisition,M&A,简称并购)来达到企业的战略目标[72]。其中,兼并是指一家企业以资金或其他形式获得目标企业的经营权或控制权的经济行为,兼并的目的是使目标公司并入该公司,而目标企业的法人资格产生变更或丧失,或者仅保留法人资格而改变投资主体;收购是指企业用资金、股份或者债务购买其他企业的全部或部分资产、股权,以获得该企业的实际管理权和控制权[73]。从经济学层面来看,企业的兼并与收购在目的和意义上相类似,因此国内外学者把企业的兼并与收购行为统称为企业并购。

　　跨国并购是区别于某一国国内并购的一种提法,国外学者对跨国并购与国内并购之间的差别也进行了深入的研究,如 Shimizu 等人[74]、Moeller 和 Schlinge-mann[75]以及谢洪明和章俨[76]都认为跨国并购不单是并购在概念上的拓展和外延,并购双方所涉及的政治环境、文化差异、法律制度等方面也要比国内并购复杂得多。

一般情况下,跨国并购(Cross-border M&A)是指跨国兼并和跨国收购,即某一个国家(或称"母国")的企业为了达到某种目的,依托相应的支付方式,将该国以外的另一国家(或称"东道国")企业的部分或全部的资产、股份等购买下来,从而实现管理或控制另一国企业的行为[77]。由于本书所研究的逆向知识转移能力是在跨国并购完成之后,即并购方与被并购方已经产生了关联,再对双方的逆向知识转移进行评价,因此,在一定的程度上母国企业(并购方)可以看成企业总部或者母公司,东道国企业(被并购方)亦已成为母国企业的海外分部或者子公司,而母国企业此时其实质上是一跨国性企业即跨国公司,因此,本书在后续的章节中对跨国并购双方的主体统一称之为母公司与子公司。

2.跨国并购的动因

企业经营的最基本的目的是能获得更好的经济效益,而企业并购是企业快速达到这一目的的主要手段和方法[78]。跨国并购是一种重要的对外直接投资活动,在20世纪80年代之前,跨国并购的企业一直主要集中在发达国家和地区,90年代初开始出现对中国企业跨国并购的研究[79]。2000年以来中国企业跨国并购开始飞速发展,国内外对跨国并购的研究也与日俱增。不同时期跨国并购的动因并不相同,且经济发展水平不同的国家和地区的企业跨国并购的动因也有差异,随着跨国并购案例的激增和世界经济格局的变化,跨国并购的动因也得到了学术界的关注。

本书基于国际主流文献对跨国并购的动因进行归纳总结,具体可分为以下六个方面:

(1)战略资产寻求。Dierickx和Cool提出,能够为企业发展带来长期竞争优势的资产即为战略性资产[80]。对于缺乏优质技术型和资源型资产的中国企业来说,跨国并购是效率最高的资源获得手段,是中国企业发展壮大的难得机会[67]。中国企业有必要在全球范围内拓展战略资产,以弥补企业自身资源的匮乏与满足全球竞争的要求。

(2)价值低估。价值低估主要是指东道国目标企业的真实价值和潜在价值被母国企业低估。东道国目标企业价值被低估的原因主要体现在两个方面:一是股票价格变化导致东道国企业价值被低估;二是母国和东道国的汇率变动从而导致东道国目标企业的价值被低估[81]。

（3）协同效应。协同效应包含管理协同和财务协同。管理协同是指通过跨国并购,将母国企业的资源和管理能力运用到东道国企业,从而更有效地组织经营,反之亦然,即通过跨国并购将东道国企业的优势资源和管理能力转移到母国企业,进行优势互补。财务协同是指跨国并购在财务方面给母国企业带来收益,包括合理避税、财务结构互补和预期经济效益等。

（4）交易成本。交易成本通常情况下与纵向并购相结合,是指母国企业为了降低成本,通过纵向并购将东道国独立的上下游企业进行合并收购,将原本需要市场控制的上下游交易转变成跨国公司内部的行政手段协调。交易成本理论最早由 Coase[82] 提出,Hennart[83] 和 Harzing[84] 等人做了进一步的扩展。

（5）市场势力。市场势力理论认为,母国企业跨国并购东道国同行业的其他企业,是为了占据国际市场的支配地位,提高母国企业的全球市场占有率[85]。跨国并购对市场势力的影响有:改善全球行业的结构,提高规模的集中度[86],增强市场买卖双方的讨价还价能力[87]。

（6）多元化经营。多元化经营是指企业为了迅速进入新领域,通过跨国并购进行跨行业的生产或服务。企业通过成功的跨国并购实施多元化经营,可以吸收国外成熟先进的管理经验、开拓新市场,同时能分散经营风险、增强企业国际竞争力、优化企业资源配置,进而实现企业可持续发展[88]。

跨国并购往往并非某个单一动因促成的,上文所述也未涵盖所有跨国并购动因,还有其他诸如买壳上市、企业结构调整等并非跨国并购市场上的主流动因,在此不做详细阐述。

3. 跨国并购的类型

（1）按照母国企业与东道国企业的行业关系,可以将跨国并购分为横向并购、纵向并购和混合并购。

横向并购是指母国企业并购产品、服务或生产工艺与之相近的东道国企业,即竞争对手之间的合并[89]。跨国横向并购的优点是并购风险较小,便于统一技术标准,并购双方比较容易整合,能迅速占有东道国的市场份额,进而形成规模经济;缺点是此类并购容易限制竞争,形成垄断局面,会受到东道国的法律法规限制和同行业的抵制[90]。

纵向并购也称垂直并购,是指母国企业与东道国的上游供应商或下游客户的合并,形成纵向的一体化。东道国企业提供原材料供应或购买母国的产品、服务,所以并购后相互之间容易融合在一起[91]。

混合并购是指母国企业为了迅速进入某一行业或领域而并购东道国目标企业,一般分为产品扩张型并购、市场扩张型并购和纯粹的混合并购。Rozen-Bakher 认为,跨国公司根据其全球发展战略和多元化经营战略,进入新行业或新领域能够降低单一行业经营的风险,获得新的产品、服务和市场,并能为企业发展注入新的活力和获得多渠道的盈利能力[92]。

(2)其他并购分类。按跨国并购的出资方式可将并购类型分为现金购买资产、现金购买股票、股票换取资产和股票互换式并购[93]。以母国企业对东道国企业的并购态度可将跨国并购分为敌意并购和善意并购[94]。按是否通过两国证券交易所公开交易可将跨国并购分为要约收购和协议收购。要约收购是指母国企业以高于市场的报价直接向东道国企业股东招标的收购行为;协议收购是指母国企业避开证券交易所,直接与东道国企业谈判、协商达成协议来转移东道国企业股权的收购方式[95]。特殊跨国并购类型还有委托书收购和杠杆收购。委托书收购是指母国企业通过征求委托书,在东道国企业股东大会上获得表决权的优势,并改组董事会获得对企业的控制权[96];杠杆收购是指母国企业利用东道国企业资产的经营收入来担保而获得支付并购价款[97]。

4. 跨国并购的流程

跨国并购是一个发展的、动态的过程,跨国并购的潜在影响因素根据时间的推移在不断地发生变化,所对应的跨国并购风险也要有针对性地实施动态流程控制。企业在跨国并购时面临着政治制度、民族文化、法律制度、企业文化等差异以及跨国界调查目标公司信息的操作性、准确性和时效性等问题。因此,在跨国并购过程中有必要细分各阶段的子流程,分析它们所蕴含的风险。

Pablo 等人认为,跨国并购流程能直接关系到并购交易的成败,并将跨国并购分为决策阶段、收购阶段和整合阶段,运用过程模型对跨国并购的结果进行预测,并购流程的各环节相互制约,收购过程的各个阶段要明确审查流程中暗藏的风险[98]。Rehm 等人根据 1 000 例非银行机构并购案例分析指出,跨国并购企业若能够根据一套规范的流程,把并购的每个过程都与其战略相匹配,在规范流程的指导下并购过程将更加高效且可控,企业跨国并购的风险将会大幅降低。Freitag 对三大洲 28 个跨国并购的案例进行分析总结,将跨国并购流程分为 7 个步骤:确定组织并购、搜索筛选目标、拟定并购战略、财务状况评估、双方交流谈判、产权交易变更和并购整合评估。

很多国内学者对跨国并购的流程也有划分。潘爱玲认为,跨国并购战略的实施过程也就是整合能力的保护、转移、扩展和创新的过程,并针对文化整合与跨国并购的流程设计、模式选择等问题进行探讨[99]。胥朝阳基于系统工程原理,把母公司的并购管理当作系统工程,将企业并购划分为四个阶段:制订并购战略、选择目标企业、并购谈判和并购整合[100]。崔永梅和余璇将跨国并购交易分为并购决策、并购接管、并购整合及并购评价四个流程,并明确了相应流程的风险所在及内控重点,以期防范和控制企业并购过程中的多种风险[101]。

综合国内外对跨国并购的研究和企业实践调研的结果,本书将跨国并购的流程划分为初始决策阶段、中期接管阶段、后期整合阶段和并购评价阶段(图2.1)。

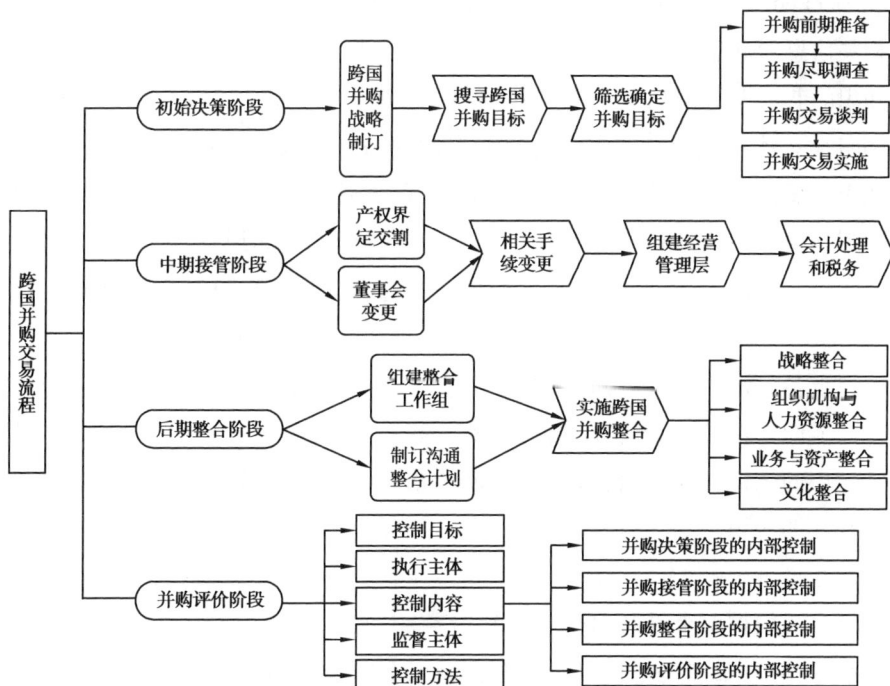

图 2.1　跨国并购流程图

2.1.2　知识与知识转移

1. 知识的相关概念

1）知识的界定

2 400 多年前,古希腊哲学家 Plato 提出,知识是被检验过的、正确的并可以被接受的信仰,这一观点至今仍被西方哲学界所认可。中国战国时期,《荀子·解蔽》中提出"凡以知,人之性也;可以知,物之理也",即人有认识客观事物的能力。知识是人类在具体实践中认识世界观成果的合集,其本身具有复杂性和开放性,对其概念的界定,不同学科学者的理解也不同[102-104]。

Davenport 从经济学角度定义了知识,他们提出,知识是经验、洞察力、价值观和相关信息的动态组织[105]。Nonaka 和 Takeuchi 根据西方哲学流派的观点,按照知识的获取渠道把知识分为"理性主义"知识和"经验主义"知识[106]。Reid 和 Polanyi 将人类所获取的知识分为两大类,即可表达的显性知识和不可表达的隐性知识。显性知识可以通过书面、图表、公式、图片等形式清晰地表达出来,而隐性知识是暗默的、隐讳的、无法清晰表达的、未被编码的知识[107]。也有学者将知识与智慧、技术、信息与数据等进行比较来进行认知,如 Miller 和 Morris、肖久灵[108]等。

以上各领域的学者对知识的定义是一般意义上的,本书以中国企业跨国并购中的逆向知识转移为研究对象,因此,本书界定此处的知识是组织知识,是经济活动中的知识,是综合具有战略价值和指导意义的以管理、运营、技术等各种形式存在的知识。

2）知识的分类与特点

宁东玲根据两个维度对知识进行分类:一是根据知识的特性将其分为显性知识和隐性知识;二是根据知识的载体将其分为个人、群体、组织和组织之间四个层次[109]。知识管理是在组织中构建一个量化与质化的知识系统,为企业实现显性知识和隐性知识共享提供新的途径,知识管理是利用集体的智慧提高企业的应变和创新能力。但是知识本身具有默会性、复杂性和专用性等特点,任何固定的单一的管理方式不可能对所有的知识都适用。企业要有效地管理知识,应在对企业知识进行分类的基础上,根据企业的经营目标,采取相应的管理策略,因此归纳了五种分类方法：显性知识和隐性知识、内部知识和外部知识、个人知识和组织知识、实体知识和过程知识、核心知识和非核心知识，并对各种分类提出了相应的管理策略[110]。

不管是显性知识还是隐性知识，都具有可传授性和可观察性[67]。隐性知识虽然不能被清晰地表达，但可以通过示范来传授，同时知识可以被观察模仿。显性知识还具有公共商品的特征，而隐性知识具有难以转移和模仿的特性，因此隐性知识是企业保持其知识和技术领先优势的根本。

2. 知识转移的相关概念

1）知识转移的界定

关于知识转移的认知，目前没有统一的定义，国内外学者基于不同的研究视角，对知识转移的理解和看法也不一致，本书将比较有代表性的知识转移观点归为三类：相互学习观点、相互沟通观点和动态过程观点（表2.1）。

表2.1　知识转移概念的界定

知识转移观点	定义	作者
相互学习观点	知识转移是一个教与学的过程，知识接收者了解到信息与知识基础的关系后，知识转移才可以算是成功的	Verkasolo 和 Lappa-lainen[111]
	知识转移是最便捷获取知识资源的途径，涉及三个方面：转移主体、知识本身的属性和转移情境	杨栩等[112]
	组织内知识转移是某　个单位在经验上影响其他单位的程序	Argote 和 Ingram[113]
相互沟通观点	知识转移是指将一种情境下获取的知识应用在另一情境，需要依靠各种沟通渠道来维系转移的过程	Singley 和 Anderson
	基于信息论视角，认为企业知识转移是包含复杂性、系统性、工程性、结构性的工程	陈伟等[114]
	知识转移是能力或其他具有战略价值的外部市场数据的转移	Pablos[115]

续表

知识转移观点	定义	作者
动态过程观点	基于子公司动态网络视角,知识发展与扩散的承担者(子公司)将优势知识传递给知识的接收者(母公司)	李柏洲和汪建康[116]
	知识转移是一个动态的过程,是组织不断学习的一部分	Gilbert 等[117]
	知识转移是组织成员通过各种工具与程序来进行知识分享,包括传递与散播两种行为	Lahti 和 Beyerlein[118]

根据上文相关学者的观点,本书将知识转移定义为知识接收者借助各种媒介与知识发送者进行互动,从而获得知识,并加以吸收、应用、发展与创新的过程。知识转移包括知识共享与知识吸收两个阶段,其过程涉及知识发送者和知识接收者两个主体。在完整的知识转移中,知识发送者必须愿意且有能力把自身拥有的知识传递给知识接收者,知识接收者要能够用倾听、阅读或模仿的方式来理解和吸收所接收到的知识。

2)知识转移的类型

根据知识转移方向、涉及范围和转移内容不同,本书将知识转移分为三大类型:

首先,按知识转移方向分为两种:水平转移和垂直转移。水平转移是指知识在同级组织之间的流动,即从子公司转移到另一子公司或从母公司到另一同级别母公司;垂直转移是指知识在组织内高低等级单位之间的流动,即跨国公司内部母子公司之间流动[116]。

其次,按知识转移涉及范围分为三种:组织内部的知识转移、组织之间的知识转移和基于网络的知识转移[119、120]。

最后,按知识转移内容分为三种:实体转移、设计转移和能力转移。实体转移是指真实存在的产品、服务或专利的转移;设计转移是指设计正确转化为产品能力的转移;能力转移是指研发能力的转移[121]。

具体到跨国并购的知识,本书主要研究的是组织间能力的垂直转移(图2.2)。从图中可以看出,跨国公司网络中存在两种基本的知识流,子公司之间的水平知识流和母子公司之间的垂直知识流。其中从母公司到子公司的知识流动为传统的正向知识转移,从子公司向母公司的知识流动为逆向知识转移,即本书研究的对象。

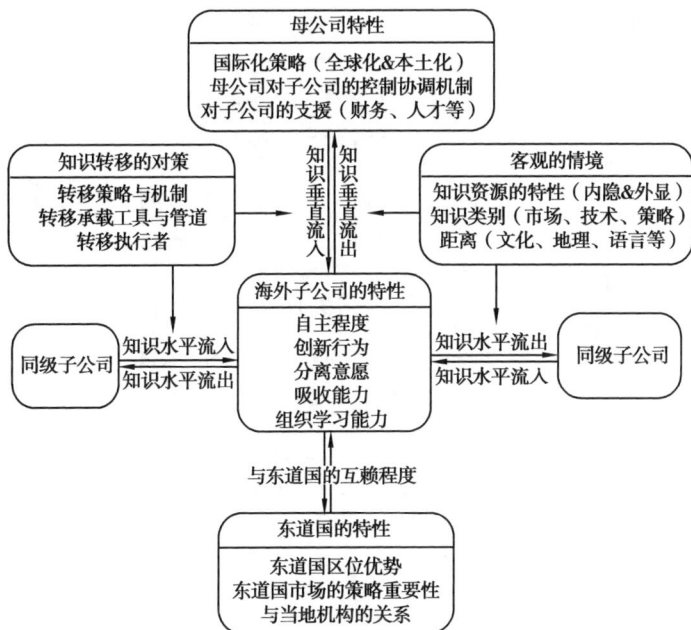

图 2.2　母子公司跨国知识转移框架

资料来源:李柏洲和汪建康,2007

3)知识转移的过程

Nonaka 从知识显性与隐性相互转化的层面探索了知识转移的四个阶段:潜移默化、外部明示、汇总组合、内部升华,并把这四种转移方式结合起来,构成知识转移动态循环过程,即 SECI 知识螺旋模型[122]。Andersen 提出了组织内部知识共享和转移的双轨道模型,认为知识管理的关键环节是知识组织层、知识共享和转移流程、共享支持机制三个方面,提倡要构建全面而严谨的知识转移过程和支持系统指导组织进行有效的知识管理。Wiig 提出了知识转移三柱过程模型,指出知识管理不仅涵盖知识获取和吸收,还应涵盖知识转移、应用和创新等高级活动;三个模型柱分别代表知识吸收的初步准备活动、知识价值的评估和测算、与知识有关的集体活动[123]。Szulanski 通过 8 家企业 122 组内部知识转移实践活动的调查问卷,提出了知识转移的四阶段模型,即知识转移将经历创造、实施、曲折和整合四个阶段的过程,并对不同阶段的影响因素进行分析[124]。Gilbert 和 Cordey-Hayes 认为,知识转移的过程并不是一成不变的,而是需要一连串的互动学习才能顺利完成,他们把知识转移的过程分为五个阶段,即知识的获取、沟通、应用、接受和同化(图2.3)。他们提出时间是影响知识转移的决定因素,经过一段时间和一系列的学习过程,才能产生最终的同化[117]。

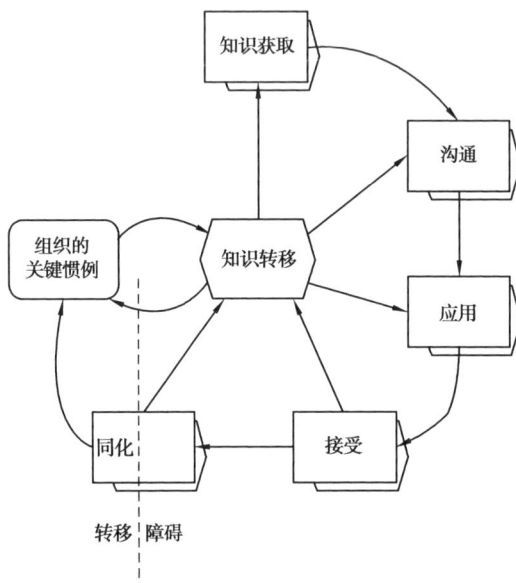

图2.3　知识转移过程五阶段模型

2.1.3　逆向知识转移的相关概念

逆向知识转移研究的出现源自跨国并购知识创造活动和母子公司功能和角色的变化。早期跨国公司之所以进行对外直接投资(Foreign Direct Investment,FDI)是因为母公司在国内或国际上处于垄断的位置,到20世纪80年代,随着全球经济一体化的加剧和知识经济时代的来临,各行业的跨国公司迫切需要更大范围和更高效率地获得全球信息,因此,跨国并购海外企业成为除自身研发之外的知识和技术的获取来源之一。

1.跨国并购逆向知识转移

(1)内部化理论。Buckley 和 Casson 提出了市场内部化理论,他们从技术和知识的特性与市场机制的矛盾着手,认为市场机制的缺陷导致了市场的不完善,跨国并购是经营内部化跨国界的产物[125]。

(2)产品周期理论。产品周期理论的代表者是 Vernon 和 Pearce。Vernon 认为,发达国家企业利用跨国并购,依次向其他发达国家和地区、新兴工业化国家和地区以及发展中国家和地区转移新产品、服务和技术,即在不同国家之间的知识转移,而跨国并购完成后,母国企业和东道国企业之间的内部知识转移也符合这条规律[126]。Pearce 从企业研发的角度修正了产品周期理论,他提出获得东道国的创新技术是母国企业跨国并购的潜在职能,是协调东道国的研发机构进行知识转移和学习的载体。

(3)创造性资产寻求理论。Dunning 认为,企业的资产分为自然资产和创造性资产两种类型,其中创造性资产被定义为战略性资产,是基于自然资产的基础上创造出来的知识资产。吴先明等人对 Dunning 的理论进行了发展,为发展中国家企业跨国并购提升知识和技术水平提供了新途径[127]。

(4)技术开发与增长理论。Kuemmerle 基于技术开发与增长层面,对跨国并购逆向知识转移的动因进行了系统分析,跨国并购母国企业为满足现有知识存量增加的需求,从海外获取先进的知识和技术,增加其技术存量,提高国际竞争力和技术创新水平[128]。

本书在对国内外文献梳理的基础上,结合跨国并购的具体情况,将逆向知识转移定义为东道国子公司从东道国外部环境中获得的知识,通过识别、理解、学习和创新转化成自身知识,并在整理后通过各种渠道逆向传递给母国母公司,最终经母公司整合和吸收融入自身的知识体系中。

2.跨国并购逆向知识转移过程

根据逆向知识转移的定义,本书将跨国并购逆向知识转移的过程分为一般过程和基于网络的动态过程。跨国并购逆向知识转移的一般过程分为:搜寻和并购目标企业、识别和匹配知识、理解和学习知识、整理和传递知识、整合和吸收知识以及应用和创新知识六个方面(图2.4)。对于基于网络的跨国并购逆向知识转移的动态过程,本书将在第4章详细介绍。

(1)搜寻和并购目标企业是跨国并购的关键环节,也是逆向知识转移的先决条件。肖振红和胡运权指出,由于跨国并购交易双方存在着信息不对称,分析目标企业信息搜寻并购的成本和收益有助于并购企业搜寻合适的目标企业,进一步推动并购知识整合与转移[129]。

(2)识别和匹配知识。企业跨国并购的动因之一就是获取先进的技术和知识,然而这些知识和技术并非都是母公司所需要的,或者成功获得并转化为自身

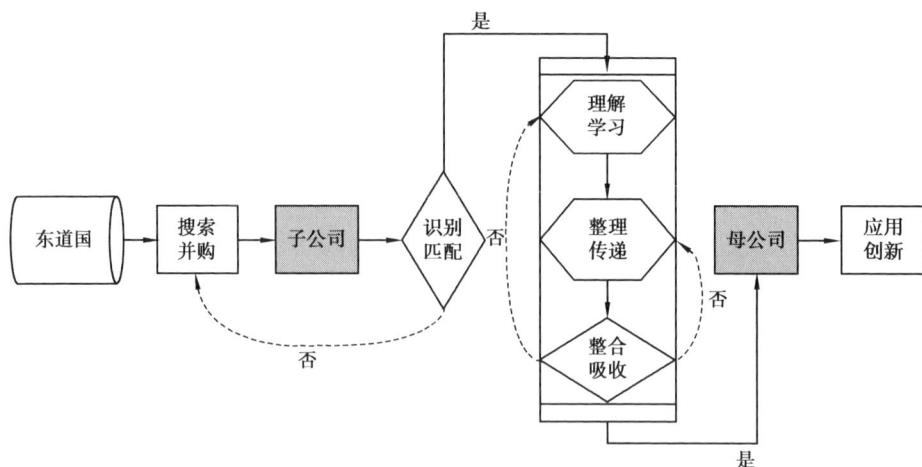

图 2.4　跨国并购逆向知识转移一般过程模型

知识体系的组成部分,因此对跨国并购获取来的知识必须先进行识别且与母公司的知识体系进行匹配。

（3）理解和学习知识。母公司一旦搜寻、识别和匹配到自身所需的知识,就可以实施逆向知识转移。通过沟通与互动对知识进行理解和学习,深化对知识的把握,以便于整理后逆向转移。

（4）整理和传递知识。子公司将获得的知识进行整理和归类,将能够转移和吸收的知识进行系统化,借助一定的渠道传递给母公司,进而实现知识效用的最大化,促进母公司知识水平的提高。

（5）整合和吸收知识。Davenport 提出,知识接收者的目标是有效地利用和吸收获取的知识,并将其成功引入接收者的知识创新系统[105]。整合知识是吸收知识的前提,吸收知识是知识转移的目的。母子公司之间的知识、技术和管理等方面存在的差异,会对知识的对接造成一定影响。

（6）应用和创新知识。母公司应用子公司的知识是逆向知识转移的初始出发点,知识只有充分应用才能体现价值。应用知识是基础,母公司还要结合自身的特点,对转移过来的知识进行发展和创新,形成自身的特色知识资源。

从图 2.4 中可以看出,"识别和匹配知识"与"整合和吸收知识"是跨国并购逆向知识转移中的关键环节,也是母公司能够介入调整并控制的环节。

2.2　跨国并购逆向知识转移与正向知识转移的差异

跨国并购知识转移涉及传统的正向知识转移和逆向知识转移,二者之间存在很多相似之处,如转移双方都为母公司和子公司,所转移的知识都分为显性知识和隐性知识,转移过程中都涉及沟通渠道、制度、文化等因素,转移流程也存在部分相似等。但由于跨国并购的特殊性、逆向知识转移的主体双方角色发生转变、母公司的知识储备和能力不同、转移成本以及转移机制等存在差异,跨国并购逆向知识转移产生了一些新特点,这可以为中国企业跨国并购逆向知识转移的管理问题提供依据。

2.2.1　转移过程

本书研究的跨国并购逆向知识转移与传统意义上的跨国公司内部逆向知识转移是不同的。跨国公司逆向知识转移的知识源是在跨国公司组织内部某个子公司传递转移给母公司,属于组织内部知识转移,在跨国公司内部,海外子公司通过合资、自建和并购已经融入跨国公司的组织网络中,即无须再经历对知识的筛选和获取、识别和匹配以及完成并购的这一系列过程;而跨国并购逆向知识转移的首要条件是对东道国目标企业的知识源进行搜索和筛选,母国企业进行识别和与自身的知识体系进行匹配,再按照一定的流程完成并购,才能进行下一步的逆向知识转移。

2.2.2　转移主体

逆向知识转移区别于正向知识转移的首要特点就是母子公司的角色发生变化。在正向知识转移中母公司具有更为先进的知识存量,是知识的输出端,子公司是知识的接收端,知识从母公司正向流向子公司。逆向知识转移中母子公司的角色和地位刚好相反。位于发达国家和地区的子公司,由于东道国经济、政策和文化发展水平较高,子公司更容易掌握先进的知识和技术,而这恰恰是母公司所需要的;母公司尤其是位于中国这样的发展中国家的母公司,无法通过自身研发迅速获得先进的知识和技术,因而通过并购发达国家子公司,促使发达国家子公司将优势知识和技术逆向转移给母公司,可以使知识转移中母子公司的角色互换。

母子公司角色的互换并不是简单的知识转移主体发生变化,由于双方的性质和定位不同,主体互换还会引起转移动机、转移过程、转移成本等多个因素的变化。

2.2.3 转移动机和意愿

Foss 和 Pedersen 从跨国并购总体上看,母公司通常拥有更为雄厚的资本和知识存量,因此在对被并购的东道国子公司的知识转移中往往处于主导地位[32]。然而中国企业跨国并购则不同,尤其是并购发达国家企业,其创新能力和知识存量明显弱于被并购企业,为了获取目标企业的知识、品牌和技术,会主动要求目标企业单向传递知识给中国母公司,即逆向知识转移。

正向知识转移中母公司处于主导地位,基于整体利益和大局思维,母公司通常愿意主动将其掌握的先进知识和技术转移给子公司,就子公司对先进知识的要求,母公司往往也给予满足,甚至母公司为了加强对子公司的管理和控制,还会强行将其认为先进的知识、文化、技术和价值观灌输给子公司。

母公司发起逆向知识转移的最根本动机是获得东道国子公司的先进知识和技术,吸收应用并融入自身的知识体系中;而在逆向知识转移中子公司处于主导地位,子公司往往以自身利益为出发点,没有大局观和整体思维,子公司目标与母公司的整体目标可能不一致,因此,子公司转移知识的意愿从根本上也决定了跨国并购逆向知识转移的成败与效果。子公司逆向知识转移意愿的阻碍体现在以下三个方面:①子公司的知识是在东道国独特的环境里,在一定的条件下产生的,子公司认为其知识用在母公司的业务环境中会具有一定的难度和挑战;②知识本身的价值和转移后获得的补偿不成比例,容易造成母公司对子公司的补偿不足,降低子公司的转移意愿;③政治因素,如东道国知识产权保护政策、两国在国际上的地位和之间的关系等。Yang 等人指出,委托—代理关系的出现,通常导致子公司正向学习的意愿高于母公司逆向学习的意愿,仅当母公司认为子公司的知识具有先进性且是与之相关的异质性知识才有向子公司逆向学习的意愿,然而母公司对子公司知识的潜在价值不能正确认识导致知识常被归为不相干知识,因而拒绝转移[130]。Zhou 和 Frost 对制药行业和汽车制造行业的逆向知识转移进行实证研究,结果表明,这两个行业的并购型子公司对母公司的转移意愿较弱,逆向知识转移水平较低。

2.2.4 母子公司间的知识势差

陈伟等人提出,知识位势是指知识主体因为拥有一定深度和广度的知识而具有能量的状态[131]。母子公司间的知识势差主要体现在三个方面:知识的结构差异、数量差异和质量差异,知识的结构越合理、知识的数量越多、知识的质量越好,知识的位势就越高。在跨国并购逆向知识转移中,母子公司之间的知识位势的差距即知识势差,知识转移从某种意义上来说就是从知识位势高的主体流向知识位势低的主体。

正向知识转移中,母公司的知识位势处于优势位置,知识的结构、数量和质量都高于子公司,因此母公司可以正向将知识转移给子公司。而在逆向知识转移过程中,子公司的知识未必在结构、数量和质量总体上超越母公司,但是从母公司所需要的知识局部来说,子公司的知识位势一定在三者之中占有优势,即在局部具有较高的知识位势,才能促使逆向知识转移的产生。

2.2.5 转移成本

母公司在正向知识转移中作为转移主体,母公司对正向知识转移具有可观察性,容易衡量和评估转移是否符合预期目标,并且能通过企业层级的行政手段和多种机制的组合来控制和修正转移,降低转移的成本,因此,无论是主动还是被动转移,子公司获得知识所付出的成本往往要远低于知识本身的价值。逆向知识转移中,一方面,子公司不管是从东道国外部获取的知识还是内部积累的知识,在知识形成的过程中都投入了较大的人力和物力,且子公司知识位势较高,以及母公司对知识转移的评估不够及时、精确,即便母公司对逆向知识转移给予补偿,也往往会导致补偿不足或子公司自认为补偿不足;另一方面,由于母公司对子公司转移知识的努力不具可观察性,因此子公司隐瞒知识的行为很难被察觉出来,会造成逆向知识转移成本的增加。

这两种转移除了上述的差异之外,在转移过程中还存在一些细节或局部的差异,如知识转移的预期目标,正向知识转移是母公司基于整体利益和大局思维,主动将自己掌握的先进知识传递给子公司,而逆向知识转移中子公司往往从自身的局部利益考虑,在逆向知识转移发生时通常是子公司被动地将竞争优势和关键资源传递给母公司,增强母公司的国际竞争力;知识转移难度,由于正向知识转移在过程中是"自上而下"的转移,在知识管理和转移控制方面母公司占据主导地位,因此转移难度较低,而逆向知识转移中子公司属于知识位势较高的一方,拥有讨价还价的权利,在转移过程中往往会给知识转移设置障碍,增加转移难度(表2.2)。

表2.2 正向知识转移与逆向知识转移的差异

比较视角	正向知识转移	逆向知识转移
转移主体	母公司→子公司	子公司→母公司
预期目标	基于整体利益和大局思维,主动将自己掌握的先进知识传递给子公司	将竞争优势和关键资源传递给母公司,增强母公司国际竞争力
转移动机	强	弱
知识位势	母公司总体强于子公司	子公司局部强于母公司
转移意愿	强	弱
转移效果	共享、吸收、学习、模仿	共享、吸收、应用、创新
转移成本	低	高
转移难度	低	高

2.3 中国企业跨国并购逆向知识转移能力的内涵与构成

2.3.1 逆向知识转移能力的内涵

Gold 等人认为,知识转移能力是指组织网络中知识发送方通过组织、整合、协调和分享等行为促使知识接收方现有的知识更加有用的能力[132]。Martin 和 Salomon 认为知识转移能力是一个公司可以表述清楚如何运用它自身的知识,评估潜在知识接收者的需求和能力,并把知识传递、运用到另一个地方的能力[133]。逆向知识转移能力同样也可以借鉴专家学者们对知识转移能力的界定,结合逆向知识转移的特点来概括。

一个完整的逆向知识转移过程包含知识发送方、知识接收方、转移渠道、被转移对象以及转移所嵌入的情景等因素,通过这一过程,最终实现知识从东道国子公司向中国母公司的转移。有效的逆向知识转移预示着中国母公司把东道国子公司传授的知识顺利整合到其环境之中,并加以有效利用或创新。因此,本书认为,中国企业跨国并购逆向知识转移能力的内涵是完成跨国并购逆向知识转移所体现出来的综合素质,具体指的是中国母公司通过跨国并购,经由一定的渠道和情境顺利地掌握东道国子公司所积累的知识与技术,将其融入并提高中国母公司现有生产、经营、管理等活动的能力。

2.3.2 逆向知识转移能力的构成

通过对主流文献的整理归纳,本书研究的跨国企业逆向知识转移能力构成要素,主要包含五个方面:知识发送方传授能力、知识接收方吸收能力、知识传输渠道丰富性与选择能力、知识内容特性和情景控制能力。

1. 知识发送方传授能力

知识发送方传授能力是指知识传送方愿意将其要转移的知识进行整理归档,依托一定的转移渠道和载体,把知识传授给接收方并指导接收方吸收应用的一系列能力(能力束)。跨国并购逆向知识转移中子公司传授能力的构成要素包括知识转移意愿、知识透明程度、知识识别与认知能力以及知识沟通编码能力。知识转移意愿是指知识发送方对待知识转移的态度,受到转移双方关系密切程度和知识接收方实际付出的成本的影响。知识转移意愿在知识转移过程中起到引导作用,决定着转移输出的知识量,在一定程度上影响知识的传授效率。知识透明程度是指知识传送方开放其知识的共享程度,主要针对的是隐性知识,显性知识容易被获取和掌握,隐性知识由于自身内嵌性的特点不易被公开模仿和学习。知识识别与认知能力是指知识发送方根据知识的内容及自身的经验,判断知识的性质和有选择地利用并传授的能力:一方面,知识发送方要识别当地的知识,融入自身的知识体系中,判断出自身知识体系的结构和水平;另一方面,知识发送方要识别出知识接收方所需要的知识内容和范围,避免其传授的知识与接收方的知识重复或脱节。知识沟通编码能力是指知识发送方清晰地表达出自有知识的用途、使用方法和应用范围的能力;有编码的显性知识较易转移,而对难以言传、只可意会的隐性知识,则需要知识发送方提供转移平台,通过相应的手段将其转化为模型样本、手册、生产和操作规范等方式表达出来,形成书面的或实物性的转移载体,为隐性知识的成功转移提供有力保障。

2. 知识接收方吸收能力

知识接收方吸收能力是指知识接收方在不断的学习过程中,对被转移知识进行有效的阐释和理解,并与原有知识不断地进行融合,最终融入自身的知识创新体系中的能力。知识吸收能力包含学习意愿、知识接受能力和知识挖掘能力三个方面。学习意愿是指接受来自本地组织以外的知识和建议的积极性,与知识接收方的学习氛围有关。知识接受能力是指在知识接收方意识形态和思维模式的主导下,理解知识发送方传授知识的数量和质量所需的能力。知识挖掘能力体现接收方参与知识转移的主动性和从知识传送方深度获取知识的能力。

3. 知识传输渠道丰富性与选择能力

跨国并购逆向知识转移中的渠道是指海外子公司逆向流动、传递知识给中国母公司并被母公司吸收的途径与通道。知识传输渠道丰富性与选择能力是指逆向知识转移中母子公司之间可选择的转移的媒介与途径的丰富程度和选择能力。根据被传播知识的特征,可选择正式整合机制或社会化整合机制进行知识转移。正式整合机制是指建立在正规的体系、政策和标准之上的协调模式,通常有利于显性知识的共享和转移。社会化整合机制主要通过建立个体间的亲密关系以及认知趋同的组织机制,是一种个人之间的、非正式的沟通与交流。正式知识转移渠道主要包括内部文件交换、电子信息技术及平台、员工培训计划构成。社会化知识转移渠道主要包括工作轮换、跨部门团队、基于个人或非正式群体的沟通。

4. 知识内容特性

知识内容特性决定了所转移知识能否容易被传递和被吸收,取决于知识的复杂性、模糊程度以及知识距离。所传递知识越复杂,对知识传递方的传递能力和知识接收方的接收能力要求越高,进行知识转移就越困难。知识的模糊性是指知识是高度个人化的,难以公式化地与人交流,它植根于行动和个人所处环境,通常表现为复杂度较高的技术工艺,具备熟能生巧,较难快速习得的特性。知识距离是指知识发送方和知识接收方二者知识的位势,一般情况下在达成转移意向以后,知识从位势高的主体向位势低的主体流动;在逆向知识转移中,母公司的负位势使母公司在技术上依赖于子公司。

5. 情景控制能力

当发生知识转移时,知识发送方和知识接收方往往处在不同的环境中,知识接收方作为知识转移的主导方控制知识发出方转移行为和过程的能力被称为情景控制能力。情景控制能力主要包含企业文化、情感距离、物理距离、组织支撑能力。企业文化差异存在于知识发送方与知识接收方之间,在跨国并购逆向知识转移中,创造和谐人际环境是缩小并购企业与被并购企业文化差距的有效方法,企业并购后,新的人际群体与企业文化注入被并购企业,使被并购企业的组织结构、经营理念、战略目标发生转变;要采取制定相应的政策、制度等方式,使被并购企业的人员有归属感,确保并购后的整合过程得以顺利进行。情感距离是指知识传递方与知识接收方关系的密切程度,和谐的人际关系是逆向知识转移成功的基石,人际环境的和谐是企业和谐的标识。物理距离是指知识发送方与知识接收方在地域上的距离,距离的远近关系到进行双方实地传授经验的、实物性知识载体传输所需人力、财力和时间成本。组织支撑能力是知识接收方控制知识逆向转移的有力保障,体现在知识转移战略目标、计划管理、财务管理、审计管理、人事管理、薪酬管理、信息管理、技术和专利管理制度建设、沟通和激励机制等方面,只有在相互联结的控制机制下,逆向知识转移才能更好地开展并在短期内实现转移绩效。

2.4 本章小结

本章主要对中国企业跨国逆向知识转移行为进行系统分析,分析、整理和界定了跨国并购、知识与知识转移、逆向知识转移等相关概念,并对正向知识转移与逆向知识转移的差异性进行区分,研究发现,二者在主体、动机、意愿、知识势差和转移成本等方面都具有较大的差别;本章通过对中国企业跨国并购逆向知识转移相关理论的整理和定义,界定了逆向知识转移能力的内涵和构成,为下一步的逆向知识转移机理研究和中国企业跨国并购逆向知识转移能力评价指标体系的构建打下了坚实的理论基础。

第3章

中国企业跨国并购逆向知识转移能力形成机理

C H A P T E R

当今世界正处在"知识爆炸"的时代,企业作为知识的实践和创造组织,无论其知识如何丰富和先进,都不可能"闭门造车"并在所有领域都遥遥领先,因此企业都有吸收和利用外来知识的需求。由于发展中国家企业跨国并购发达国家企业是近年来才迅速发展的一种投资现象,学者们对并购逆向知识转移方面的研究较少,对逆向知识转移机理的研究目前并没有较为系统的分析。本章将对逆向知识转移的动因、主体、内容和载体以及影响因素等提出基本框架,为进一步的逆向知识转移动态过程和能力评价研究提供有效的支持。

3.1　中国企业跨国并购逆向知识转移的动因分析

Dunning 在《投资发展周期理论》中提出,国家的经济水平发展到了一定阶段,其对外投资会大幅度上升[134]。2000 年以后,随着中国加入 WTO,中国企业进入了跨国并购的高速发展时期,而以逆向知识转移为目的的跨国并购,也成为中国企业寻求海外先进资源和国际竞争优势的重要手段。

3.1.1　创造性资产寻求

在经济的全球化发展过程中,为了维持竞争优势,企业在对外投资过程中越来越重视知识资源作为核心战略性资源所带来的竞争优势,尤其是子公司所在东道国的先进知识和技术更是成为跨国公司海外投资的主要获取和学习的内容,因此企业必须通过并购、合作等方式获取核心知识资源。根据产业转移和跨国并购理论,中国企业跨国并购本应该顺应产业梯度的趋势,即被并购的对象应该为层次更为低一些的发展中国家和地区,但是根据商务部统计的近五年来的数据,除了经济水平较低的亚非拉美等传统区域和"一带一路"沿线国家之外,中国企业对发达国家和地区、新兴工业化国家的企业发起并购的数量和金额也在不断激增。针对此现象,国内学者提出了创造性资产寻求理论,认为中国企业并购发达国家企业不是短期利润的推动,而是通过寻求创造性资产提升中国企业的知识技术水平和竞争力[135-138]。

中国企业属于后发企业,指发展初期既缺乏关键技术又缺乏国际市场进入条件的企业(与后发企业相对的为先行企业)[139],通过并购发达国家和地区经营不善的先行企业(如三一重工并购德国 Putzmeister)、收购先行企业的部分股权进入企业决策层(如 2018 年吉利收购戴姆勒 9.69% 的股份成为其最大的股东)或收购先行企业中陷入困境的部门(如联想收购 IBM 个人电脑业务)等,为中国企业带来市场经济效益的同时,接近先行企业的先进知识和技术,并通过逆向知识转移获得关键的知识和技术资源,从而提升中国企业的国际竞争力和全球影响力。

3.1.2 国际市场需求导向

由于"意识形态"和"中国威胁论"等政治因素的存在,以美国为首的一些西方国家的市场和技术领域并不对中国开放,如航空航天、数字通信、汽车制造、制药、芯片、精密仪器与设备制造等行业。中国企业通过跨国并购并不断提升并购后子公司的自主性,可以识别特定市场机会和潜在需求,以及获取同行业技术发展的最先动态,通过子公司向中国母公司反馈东道国市场信息,检验产品性能是否迎合市场需求、生产和销售是否有效配合。

通过逆向知识转移,海外子公司能将东道国的经营经验和战略模式等管理知识与中国母公司进行共享,协助母公司及时开展研发项目,以最快的进度开发行业先进技术和迎合市场需求的新产品,并根据子公司所在东道国市场的竞争力强弱调整全球战略中的重点和方向。因此,中国企业开展跨国并购逆向知识转移对市场潜力较大且变化较快的东道国市场具有较强的针对性,并在竞争优势构建和维持市场导向的战略目标方面具有积极的影响力。

3.1.3 战略整合

中国企业通过跨国并购逆向知识转移有助于企业实现战略整合和文化统一。逆向知识转移不仅能促进包括人力、生产和市场等的有效配置,更能实现业务合理布局的全球协调。中国企业的业务遍及不同国家,也会根据区位优势选择设置生产中心、营销中心和研发中心,全球扩张在为企业带来巨大经济效益的同时,也带来战略协调困难和管理成本加大的挑战。如何实现全球范围内的战略统一是中国企业普遍面临的难题。中国企业往往要兼顾低成本和差异化需求,因此需要在全球范围内协调生产和营销中心等结构,同时也需要根据不同东道国市场而调整其战略模式,在此过程中必须考虑如何实现中国企业全球视角下的整体战略和东道国局部战略的协调问题。为实现这一目标,中国企业内部的信息资源完整性、及时性和透明性将起到关键作用,只有全面完整的双向信息交流才能保证母子公司之间的战略透明和执行统一,因此内部知识转移和信息共享将发挥重要作用。

此外,企业文化在母子公司之间的渗透共享也有赖于知识转移,尤其是学习和创新文化等与知识资源密切相关的文化内涵。鼓励有效的知识转移活动,保障通畅的知识转移渠道,不仅有利于中国企业促进知识学习,鼓励自主创新,同时也有助于不同经营单元之间的信息反馈和管理控制。可见,学习和创新文化与知识转移之间存在相互促进相辅相成的互动关系。因此,中国企业在跨国并购的战略制订过程中,要充分考虑对东道国准则、行为方式和价值观的研究,将文化距离作为一个重要变量纳入进入模式决策中;中国企业跨国并购要发挥自身的优势,不断提升跨国管理能力,采取积极主动的措施与东道国相关参与者进行互动,以便选择更有利的跨国并购逆向知识转移进入模式,保障国际化战略的顺利实施。

3.2　中国企业跨国并购逆向知识转移的主体、内容和载体分析

3.2.1　逆向知识转移的主体

1. 知识接收者——中国母公司

中国企业跨国并购日益频繁,并购的程度也逐渐加深,由早期对自然资源和海外市场的投资到目前注重创造性资产和战略性资源的转移,体现出中国企业对先进的专业技术和服务行业的日益重视。研究发现,中国母公司在国际化进

程中并未将并购目标局限于发展中国家企业,发达国家和新兴经济体已经成为中国母公司并购的重点区域。虽然前期中国企业跨国并购失败的案例很多,但经过在国际市场上的多年积累,已具备在发达国家建立、合资或并购子公司的经验和实力,并涌现出如吉利、华为、海尔、阿里巴巴、比亚迪等在国际市场上享有盛名的明星企业。

杜丽虹指出,中国母公司在跨国并购活动中存在以下特征:注重能力的培养,尤其是组织内部的知识管理综合能力;将跨国并购战略与海外先进知识的寻求结合在一起,开辟知识获取新渠道;通过强化知识的学习和吸收能力来提高自主创新能力[140]。Siedschlag 等人认为,由于知识创造由集中(母公司)变为分散(子公司),母公司作为主要知识和能力制造者的角色已经发生变化,为了获取国际竞争优势,越来越多的母公司从分散的国际子公司获得知识,并成为知识的接受者[141]。

Boisot 和 Canals 认为,中国企业到国外投资并不是利用竞争优势,而是逃避国内的竞争劣势,如地区保护、受限的资金借贷、缺乏知识产权保护、较差的基础设施、分割的区域市场等[142]。由于缺乏优质资产,对于中国母公司来说,跨国并购是资源获得的最快途径,尤其是当前大部分发达国家企业资金较为匮乏,更是给中国母公司跨国并购带来了契机。然而,在跨国并购过程中和并购成功后的整合中依然存在很多风险,如资产风险、市场风险、财务风险、文化和相关制度的冲突等,这就使中国母公司面临两方面的挑战:一是跨国并购后如何经营获利,这是首要问题,决定着中国母公司全球战略是否可以可持续发展;二是知识和技术的逆向知识转移,这决定了中国母公司的跨国并购是否贯彻执行"技术接近—知识转移—自主创新"这一路线[143]。

2. 知识发送者——海外子公司

根据海外子公司的角色不同,可将子公司分为利用母公司技术能力的实施型子公司、适应当地市场的贡献型子公司、创造新的技术和能力的创新型子公司三种角色[144,145]。海外子公司的角色决定了中国母公司能否从逆向知识转移中获益。

海外子公司角色的不同,决定了它们的权利和自治程度也不相同。研究发现,海外子公司的知识创新与子公司的权利和自治程度成正比,即三种类型子公司中贡献型子公司和创新型子公司为了提升贡献程度和创新能力,往往在母公司享有更高程度的决策权,相应地也会给母公司逆向知识转移带来成本和难度的增加。

3.2.2 逆向知识转移的内容

本书从三个不同的角度对跨国并购逆向知识转移的内容进行分析:显性知识和隐性知识、职能性知识和组织性知识、网络系统知识和节点专用知识。

1. 显性知识和隐性知识

1962 年,英国学者 Polanyi 对知识的价值做了深入的探索和研究,根据知识的可编码程度和可转移难易程度提出了"显性知识"和"隐性知识",并指出知识形成的内在变化机理[146]。在逆向知识转移中,虽然显性知识和隐性知识在可编码性、表达方式、转移效率和转移难度等方面有较大的差异,但是二者并不是完全对立的,在一定条件下是可以相互转化的。日本学者 Nonaka 提出了知识转化模型来研究显性知识和隐性知识的转换(图 3.1)[122]。

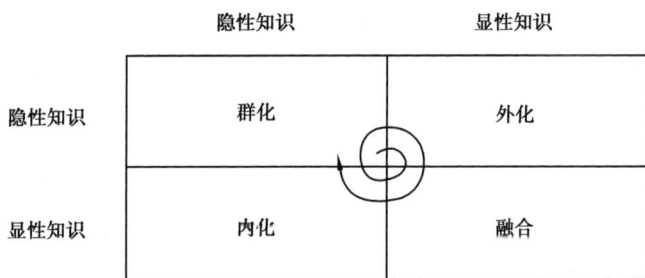

	隐性知识	显性知识
隐性知识	群化	外化
显性知识	内化	融合

图 3.1　知识转化 SECI 模型

2. 职能性知识和组织性知识

逆向知识转移中,职能性知识和组织性知识指的是知识的功能和作用。其中,职能性知识是指企业各种职能在维持正常运营活动所需要的知识,例如生产、营销、研发、人力资源、财务管理等;组织性知识是指对各个职能性知识进行整合和协调的知识,包括运营控制、战略决策、企业文化等方面的知识[147]。

3. 网络系统知识和节点专用知识

网络系统知识和节点专用知识指的是所转移知识的专用性水平。网络系统知识是指适用于跨国并购母子公司整体网络各个节点所通用的知识;节点专用知识是指为某个节点即某个子公司所专用的知识,难以适用于其他子公司或母公司[148]。

根据上述三个角度,可对逆向知识转移的内容进行分类(表3.1)。

表3.1 逆向知识转移的内容

	网络系统知识		节点专用知识	
职能性知识	通用类,如财务知识、客户档案等	可共享的知识和技术	子公司专用的产品、参数、规格	子公司特定市场的生产、销售
组织性知识	人力资源管理、规章制度等	整体的企业文化	子公司特定的目标、计划等	子公司特定的控制程序等
	显性知识	隐性知识	显性知识	隐性知识

3.2.3 逆向知识转移的载体

任何一种知识都不可能以游离的状态存在,从逆向知识转移的角度来看,从子公司的知识转化到母公司的知识创新,是知识经由多种载体经过交汇凝聚再到转载的一个过程[149]。按照对知识的承载能力,本书将知识的载体分为实物型载体、个体和组织型载体、数字型载体三种。

1. 实物型载体

实物型载体是跨国并购逆向知识转移中最常见的知识载体,具体的形式包括原材料、产成品、说明书、模型样板、文件、图表公式、机器设备、生产流水线等。子公司的规章制度、财务报表、产品说明、战略目标等方面的知识以及可以通过样品、模型、生产流水线等转移相应的技术知识和研发成果,都是知识的实物型载体。实物型载体具有存储方便、便于母公司学习和吸收、转移成本低等优点。

2. 个体和组织型载体

个体和组织型载体是指母子公司中的个人和部门成为知识的载体。海外子公司员工各部门都掌握着相应的知识,通过召开论坛和交流会、培训和学习、向子公司外派经理和技术人员、母子公司之间相近部门参观访问、个人在母子公司各节点之间进行轮换等方式,子公司所掌握的知识也会发生转移。个体和组织型载体能够承载更为复杂的隐性知识,并通过人际交流互动和实践实现逆向知识转移。

3. 数字型载体

随着互联网技术的迅猛发展,知识的转移传播越来越离不开数字型载体。数字型载体是指网络电话聊天工具、传真、电子邮件、电话视频会议、客户数据库、知识数据库、模拟仿真程序等电子交流和技术平台。数字型载体实现了跨国母子公司之间的即时知识互动和转移,打破了传统的公司层级制度,因而具有较强的时效性和低成本的经济效应,同时还兼具上两种载体的优点。

3.3 中国企业跨国并购逆向知识转移能力的影响因素分析

跨国并购逆向知识转移能力的影响因素较多,且各影响因素之间的关联程度较高,为了准确分析逆向知识转移,本节结合逆向知识转移能力的构成,对逆向知识转移中涉及的知识特性、母子公司转移意愿、母子公司间的差异、母公司吸收能力和子公司传授能力、转移情境五个方面进行研究。

3.3.1 知识特性

中国企业跨国并购为获得所需的知识而进行的逆向知识转移活动往往受到知识特性的影响。本书根据知识特性的三分法[147],将知识特性分为默会性、复杂性和专用性。

1. 知识的默会性

英国著名学者 Polanyi 在 1966 年首先提出知识的默会性,他认为人类所知道的知识远远多于他们能表达出来的知识。席旭东和余光胜提出,知识转移的关键在于进行知识共享,而知识共享的关键在于默会性知识的共享,因此知识转移研究的深化就在于如何共享默会性知识[150]。默会性知识来源于子公司个体和部门的特殊背景的活动中,是高度个性化的知识,如果与子公司相关的知识大部分是默会性的,那么这些知识逆向转移给中国母公司将会变得非常困难。

默会性知识具有隐性知识不可编码的特征,即默会性知识是很难通过系统的、准确的语言和文字明确表达出来的,是根植于个人头脑和组织记忆当中的,必须通过学习实践活动方能获得。作为知识接收者的中国母公司很难了解和吸收此类知识,逆向知识转移也就难以成功。因此,知识的默会性会阻碍知识的有效转移。

2. 知识的复杂性

跨国并购逆向知识转移中子公司所拥有的知识不仅仅涉及单一的人员或者部门,更多的是多个人员和部门之间共同协作所产生的知识,因此这类知识从产生起就具备了复杂性的特征。郭韬等人基于知识创新系统,将企业知识共享问题看成一个复杂的适应系统,从知识共享的障碍、知识转移机制等角度对知识的复杂性进行分析[151]。Reed 和 Defillippi 指出,当知识本身涉及了组织内部许多部门,会造成单一的个人或部门无法充分了解知识产生的过程,因此知识的复杂性会直接造成知识的模糊性,并限制竞争对手的学习和模仿。

在中国企业跨国并购逆向知识转移过程中,海外子公司知识的复杂性决定了中国企业获取、学习和运用知识的难度,并对逆向知识转移的程度和效果造成直接的影响。知识的复杂程度会阻碍知识的有效转移。

3. 知识的专用性

知识的专用性是指知识的产生针对的是某些特定区域、特定生产过程或者特定服务群体而使知识只能用在这些方面。Simonin 根据因果模糊性原理,提出知识专用性是导致知识模糊性的因素之一,它可以防止竞争对手的模仿,但也使知识难以有效地转移[152]。周俊和袁建新指出不同于物质资产专用性投资,知识专用性投资在增加投资方转换成本的同时,也在很大程度上增加了接收方的转换成本并促进了关系型规范的培育[153,154]。知识的专用性水平越高,该项知识与企业的机器设备、业务流程、员工技能、管理系统等镶嵌程度越紧密,转移时难以单独进行,必须与其所镶嵌的系统共同转移,因而越具有难以转移和分割的特性。由此可见,由于知识专用性的存在,中国企业跨国并购拥有的针对某种特定用途的子公司,其知识很难与中国母公司进行有效的转移。

3.3.2 母子公司转移意愿

逆向知识转移中存在一些主观因素的影响,转移双方的主观意愿是决定逆向知识转移质量和效果的一个重要决定因素。

1. 子公司的转移意愿

子公司的转移意愿主要体现在转移担忧和知识价值两个方面。

1) 转移担忧

Foss 和 Pedersen 认为,当子公司在某种程度上拥有一种知识的垄断,在跨国并购逆向知识转移时子公司就掌握了讨价还价的权力,发生知识转移意味着子公司放弃了这种权力,换而言之,子公司将其控制的异质性知识转移出去的动机不是很强烈[32]。子公司知识拥有者由于害怕这种知识转移从而失去了其独特的价值,把这种知识视为个人或部门的私产,阻碍其他个人和组织进行分享和转移。如京东方 2003 年并购韩国现代显示技术株式会社,韩国员工拒绝技术交流,造成逆向知识转移受阻。因此,本书认为,如果海外子公司担忧其自身优势地位因知识转移后丢失或得不到中国母公司的认可,海外子公司则不愿意将其知识转移给母公司。

2) 知识价值

Mudambi 和 Navarra 提出了另一种假设:子公司管理者既追求利润也追求租金,子公司知识强度越高,向母公司逆向转移越多,其讨价还价的权力也越大,从而占有更多的租金[155]。子公司可以逆向转移其独具价值的知识来获得权力进而获取更多租金,因此,子公司知识价值越大,子公司转移意愿的动力越强。

2. 母公司的转移意愿

母公司的转移意愿主要体现在母公司的接受意愿方面。首先,本书研究的中国母公司跨国并购的目的,是学习并获取当地先进的知识和技术,因此会对海外子公司所获取和创造知识给予重视,并对子公司拥有的知识评价较高,从而中国母公司的管理者很难排斥逆向知识转移,即拥有较高的转移意愿。其次,中国母公司的特定优势是低成本优势,对技术的积累不够,技术开发能力普遍不强,如果母公司对子公司的技术需求意愿很强,依赖程度很高,则母公司的转移意愿较高。再次,子公司的知识具有当地嵌入性,母公司对子公司知识价值的评估受到东道国技术水平、制度、文化、自然资源和市场偏好等影响,因此母公司对子公司知识的认同影响其接受意愿。最后,母公司的学习氛围,尤其是学习态度和努力程度,影响逆向知识转移的效果。

3.3.3 母子公司间的差异

McGuinness 等人构建了多视角逆向知识转移模型(图 3.2),在逆向知识转移动机的驱动下,研究知识距离、文化距离和组织距离等影响因素的组合变量逆向知识转移能力的影响,设计出逆向知识转移的最佳方案[25]。本书在McGuinness 研究的基础上,结合中国企业跨国并购逆向知识转移中母子公司之间的组织结构差异、知识势差、文化差异和信任程度,把母子公司间的距离分为组织差异、知识差异、文化差异和信任距离四个方面。

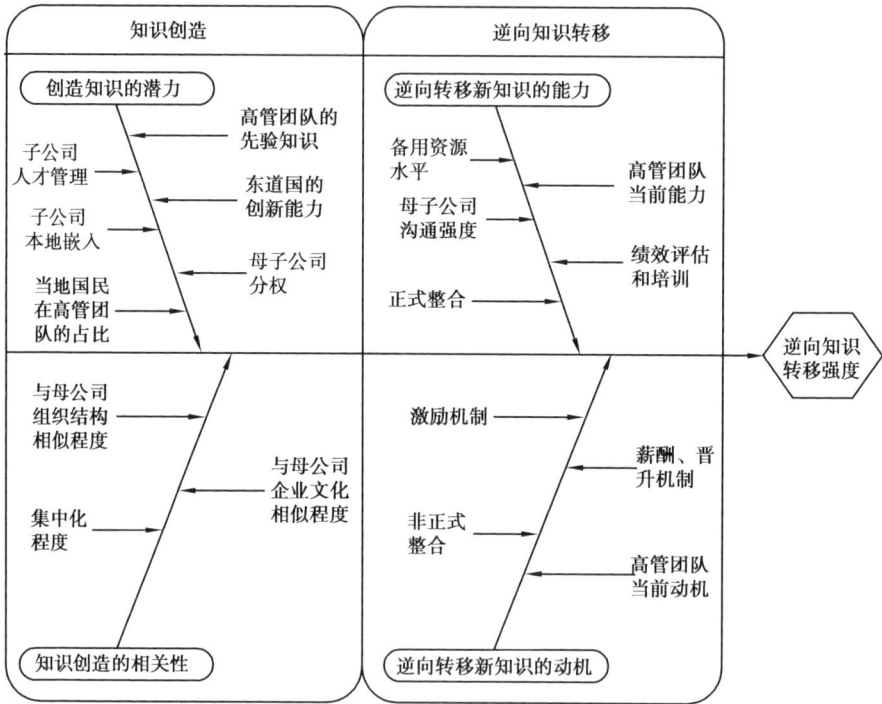

图 3.2　逆向知识转移多视角模型

资料来源:McGuinness,2013

1.组织差异

母子公司间的组织差异是指母子公司之间在结构、流程、制度和价值观等方面的差异[156]。中国母公司与海外子公司之间集权与分权的差异性、创新者与跟随者的角色差异性、官僚主义与企业家精神的差异性,都体现了彼此之间的组织距离[55]。组织差异影响知识的模糊性,母子公司的组织差异过大可能会导致对市场行为和结果、投入和产出、原因和后果之间逻辑联系的理解偏差。因此,在中国企业跨国并购逆向知识转移中,中国母公司与海外子公司的组织差异过大会阻碍知识传播。

2. 知识差异

知识差异是影响知识转移的重要因素之一,母子公司间的知识差异决定了子公司知识的价值[157]。周密等人提出,在企业实践中,针对组织内的知识特性,从知识差异的角度,促进人员之间的知识转移,是知识转移研究者和企业实践中应该共同关注的因素[158]。中国企业跨国并购母子公司之间的知识差异主要体现在中国母公司对子公司的知识负位势,母公司在技术上依赖于子公司从而失去对子公司的技术控制力。

一方面,由于海外子公司在相关领域拥有较高的知识位势,享受知识垄断所带来的好处,因此缺乏转移知识放弃垄断权力的动力;另一方面,母公司在人力资源、物质财富方面能收回子公司的决策权和使用权,但是对子公司所拥有的知识是否转移的决策权很难控制,相应的知识共享很难被强迫。

3. 文化差异

中国企业跨国并购中,逆向知识的有效转移会受到子公司所在的东道国与中国之间的国别文化差异所影响。不同国家文化背景不同,企业员工在价值观念、思维方式和行为准则等方面都具有明显的差异,这就需要知识转移双方花费更多的时间和精力用来沟通和协作。例如,中国母公司与位于法国的子公司之间的逆向知识转移要比与位于新加坡的子公司之间的逆向知识转移更为困难。黄嫚丽等人基于中国企业跨国并购案例数据进行实证研究,发现文化距离越大,跨国并购企业的并购整合难度也越大[159]。

母子公司双方的文化差异对逆向知识转移的影响体现在:①语言差异。语言的障碍使中国母公司难以准确、全面地理解海外子公司所转移的知识,即便显性知识也是如此。②思维差异。不同文化背景下的母子公司由于思维方式的差异,会影响知识的编码和解码过程,阻碍知识的有效转移。例如,东方文化强调横向、直觉型思维,是一种高语境文化,而西方文化则强调纵向理性思维,是一种低语境文化,偏好坦白直率的表达,两种思维方式之间的知识转移必然会遇到障碍。③需求与市场的差异。文化距离会阻碍企业对市场机会的辨识和市场机制的理解。东道国与母国的市场在需求习惯、分销渠道和运行机制等方面存在差异,也为知识的转移设置了障碍。④法律制度的差异。不同国家法律法规的不同也会影响到知识的有效转移。

4. 信任距离

母子公司间的信任距离是指母公司与子公司关系密切、稳固与互相信任的程度,这对逆向知识转移尤其是隐性知识的逆向转移会产生重要影响。Tsai 和 Ghoshal 指出,组织之间的成员和部门的信任程度越高,信息交流的及时性和准确性就越高,否则会阻碍知识的转移[160]。Davenport 和 Prusak 在归结知识转移的影响因素时,首先提到信任的缺失,特别是跨组织边界进行管理知识转移时,缺乏信任往往会引起合作和交流的破裂[161]。Szulanski 的研究也指出,知识来源方与知识接收方之间关系的紧密程度影响知识转移过程[162]。跨国并购母子公司间的信任关系,将产生正面合作行为,如互补性资源、专业知识及互动学习机制,以建立不易模仿的竞争能力。良好的关系质量通过创造共同身份克服转移障碍,促进知识的自由转换、降低知识转移成本。逆向知识转移双方之间成功的历史交往经验,也会促进双方建立充分的信任关系,关系的密切性和稳定性也是交流与合作持续深入进行下去的良好保障。

3.3.4 母公司吸收能力和子公司传授能力

1. 母公司吸收能力

Cohen 和 Levinthal 提出,企业的吸收能力是指识别新信息的价值,进而吸收新信息并用于商业目的[163]。刘常勇和谢洪明认为,企业吸收外界知识的吸收能力主要受到先验知识的存量与内涵、研发投入的程度、学习强度与学习方法、组织学习的机制等四项因素的影响[164]。钱锡红等人认为,企业不能只在组织内部获取所需的信息与知识,创新活动的价值链也难以全部纳入企业内部完成,"闭门造车"式的创新将明显无法适应产品更新换代日渐加快的时代形势,企业不得不在创新的各个阶段寻求合作[165]。基于跨国并购逆向知识转移,本书认为,虽然中国母公司研发强度和中国的知识基础影响母公司的吸收能力,但学习氛围、知识管理、母子公司间的交流、知识势差和情报工作对母公司的吸收能力也有一定的影响。

母公司的学习氛围主要是通过形成员工共同遵守的文化、价值观、行为准则来约束和控制组织内的个体行为,拥有良好学习氛围的公司会激发员工学习的积极性,提高公司知识存量。母公司的知识管理影响其知识存量和个体、部门的学习能力。知识的编码、精炼、存储、传递有助于把隐性的知识经验、实践转换成显性、可共享的信息,对知识的定期交流与培训制度有助于提高员工的知识技能水平,增强个体与部门对外来知识的整理和吸收能力。母公司的知识负位势影响其吸收能力,如果母公司与子公司之间的知识差异过大,会给子公司新知识与母公司原有知识之间带来衔接上的困难,母公司难以理解和吸收子公司转移来的新知识。母公司的情报工作有利于增强其对国内外技术、市场、顾客、竞争者、各分支机构的信息了解和整体把握,也会影响母公司知识的识别与吸收能力。

2.子公司传授能力

Martin 和 Salomon 提出,子公司知识传授能力是指子公司能清晰表达所拥有知识的用途,并将知识转移到母公司以满足母公司需求的能力[166]。子公司的传授能力取决于知识创造和储存能力、传输能力,具体可分为子公司战略地位、自主权、知识价值、学习氛围和员工素质五个方面。

子公司战略地位越高,母公司所给的资源和自主权越大,母子公司间的依赖性越强,知识转移越容易发生。子公司拥有一定的自主权有利于其从东道国的创新系统中学习、使用和整合当地资源;反之则会阻碍子公司充分嵌入东道国环境,不利于子公司积累和调配知识转移所需的资源。子公司知识价值越大,知识储备越丰富,越有利于母公司对知识进行识别和匹配。子公司学习氛围影响部门和员工学习努力程度和学习态度,进而决定子公司获取知识的数量与质量,学习氛围越好子公司吸收、获取、创造和转移的知识越多。子公司员工素质既影响知识的吸收和储备,也影响知识的传播,子公司员工专业素质和综合素质不高,对知识的沟通、吸收和转移都有不利影响。

3.3.5 转移情境

知识作为特定的资源,是基于特殊背景的产物,知识转移经常发生在一定的情境中。国内外学者从不同的角度对知识转移情境的划分也各不相同。Ambos等人通过对跨国公司 324 个知识转移关系的数据进行回归分析,揭示跨国公司知识转移机制中的个人协调机制、技术协调机制和距离之间的相互影响[167]。Qin 和 Ramburuth 基于资源基础观、跨文化管理理论、国际战略管理的研究,构建母子公司之间知识转移情境模型来测量知识转移的绩效[168]。徐金发等人从五个维度来划分知识情境范围:企业文化、企业战略、组织结构、企业环境、企业技术和运营[169]。陈怀超等人采用系统动力学方法,首先将知识转移情境分成差异和相似两个视角,然后分别选择制度差异和物理距离以及关系密切程度和知识相似程度,构建了转移情境影响母子公司知识转移的因果关系模型和系统流图[170]。Lam 认为知识内嵌于组织的结构框架、沟通方式、任务流程和企业文化等情境中,在知识转移的四个阶段中知识转移情境起到调节和控制作用(图3.3)[40]。

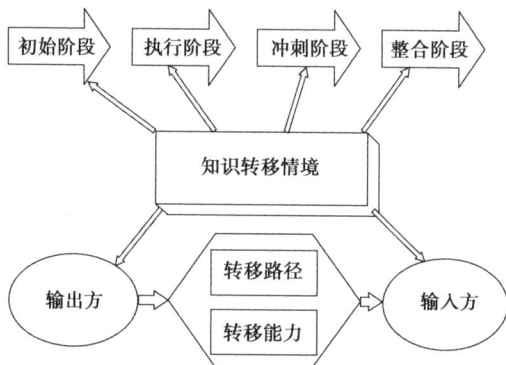

图 3.3 嵌入性知识转移情境模型

本书对国内外相关研究进行归纳,排除上述其他影响因素并结合中国企业跨国并购的特点,将逆向知识转移的情境分为组织技能、制度差异、知识相关性等三个维度。

(1)组织技能。组织技能是指母子公司促成逆向知识转移的相关机制,如沟通、控制、协调、激励机制等。母子公司间的信息沟通渠道通畅和完善,并定期进行信息反馈,为逆向知识转移提供有力的支持。母子公司控制协调机制是对母子公司间的控制程度和管理协调模式进行界定,控制协调程度越强,子公司自主性越弱,母公司将按照自身海外经营目标设计知识需求,子公司将更倾向配合母公司的需求,逆向知识转移将受到积极的影响。科学、合理且衡量准确的激励机制对逆向知识转移有很大的促进作用。

(2)制度差异。近年来,中国企业跨国并购的快速发展,引起了国内外学术界的高度重视,这意味着一大批中国跨国公司的崛起。作为后发企业,中国企业缺乏发达国家企业所拥有的先进技术和知名品牌,中国企业的技术是在与发达国家跨国公司合作与竞争中逐步积累起来的。中国的一些大型企业,例如中海油、中铝、海尔、华为、联想、吉利、TCL 等企业的成功或失败的跨国并购案例,代表着以中国为首的发展中国家企业开始作为新势力进入跨国并购领域。然而,中国企业跨国并购受到东道国的制度约束,制度环境差异对我国企业跨国并购投资进入模式有巨大的影响。从经济学角度来看,制度差异被分为正式制度差异和非正式制度差异,正式制度差异是指母国与东道国之间在法律、准则方面的差异,而非正式制度差异则体现了二者在信仰、规范和价值观方面的差异[171]。中国母公司从跨国并购开始,就面临着与中国不同的政治、信仰、价值观和法律程序的要求。较大的制度差异使中国母公司在逆向知识转移时难以正确解读东道国的政治环境、经济规则等制度要求,更容易受到当地利益相关者的抵制,阻碍逆向知识转移的进程。

(3)知识相关性。母子公司知识相关性是指母子公司双方知识基础的关联程度。Ambos 等人指出,在逆向知识转移中,母公司对与之高度相关的子公司在当地获得的知识、协调全球战略、加快网络化进程和提供新产品四个方面产生较大的兴趣[172]。Yang 等人认为,逆向知识转移是一个说服的过程,知识高度相关能促使母公司关心子公司的有效性知识,并识别其潜在的价值[42]。母子公司间知识关联得越多,母公司就越可能对子公司的知识产生兴趣并识别其潜在价值。

3.4 逆向知识转移能力的形成

逆向知识转移过程是较为复杂的学习交互过程,包含多个环节,涉及主客体、转移意愿、转移过程、吸收能力等诸多因素。企业获取创造性资产的能力对企业在海外并购中获取关键技术与知识、培养企业核心竞争能力起到决定性作用。能力的形成总会有其动力源泉,作为逆向知识转移能力的形成也不例外。哪些动力因素对逆向知识转移能力发生作用,甚至发生关键作用,是研究其形成机理需要首先回答的。基于逆向知识转移能力的界定以及本章上述的研究内容,为实现逆向知识转移,本书还需要研究逆向知识转移能力构成要素之间的相互关系及能力形成的规律和原理(图3.4)。

3.4.1 子公司传授能力的形成

东道国子公司在跨国并购逆向知识转移过程中处于重要地位,作为知识的发出方,其承担起多种重要职责。根据现有文献归纳与前文的总结,子公司传授能力应涵盖子公司转移意愿、知识识别与传递能力、知识透明度以及知识沟通编

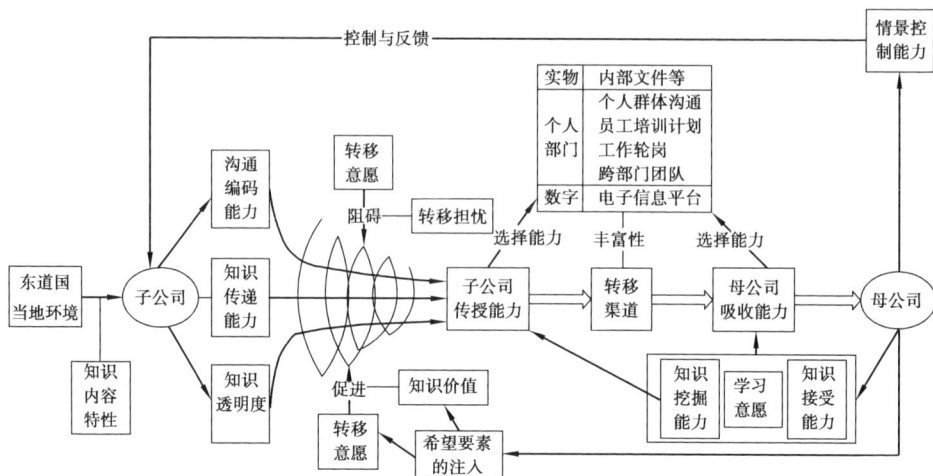

图 3.4　逆向知识转移能力形成机理模型

码能力。

①子公司转移意愿由子公司转移担忧和知识价值构成,受到子公司希望母公司注入的转移要素影响,是逆向知识转移能力的内部导向。转移担忧和知识价值对子公司传授能力的形成具有对立统一的关系:一方面,子公司担忧其失去知识的优势地位进而对转移意愿产生负面的阻碍;另一方面,子公司所拥有的知识价值可以通过逆向知识转移母公司所付出的成本具体体现出来,将知识的价值转化成子公司的获利,从而提高子公司的转移意愿。

②子公司知识识别与传递能力是逆向知识转移能力形成的核心部分。首先,子公司需要识别出自身从东道国当地环境所获取的知识是否与母公司所需求的知识相匹配,或者是否为母公司所需要的异质性知识,知识识别能力是子公司逆向知识转移能力的起点;其次,子公司要具备将其所识别的知识通过相关渠道传递给母公司的能力,即子公司能够准确真实地描述所逆向转移的知识,并提供必要的资源整合与协调作为支持,以保障母公司能够顺利且正确地理解和实施转移。

③知识透明度对逆向知识转移能力的形成主要体现在子公司对其所拥有知识共享的意愿程度,子公司现有的知识保护、管理制度和存储知识的载体与母公司之间的制度相似程度、关系密切程度以及物质精神激励是否达到子公司的预期等,都对子公司的知识透明度产生正向影响。

④子公司还要有足够的知识沟通编码能力,对显性的、组织性的和网络系统

的知识编码要清晰明确,对隐性的、职能性的和节点专用的知识编码要用文字、图表、现场演示等方法和手段表达出来,便于母公司理解和吸收。

综上所述,子公司转移意愿、知识识别与传递能力、知识透明度以及知识沟通编码能力正向影响着子公司的传授能力,决定了子公司逆向转移知识的数量与质量。

3.4.2 母公司吸收能力的形成

在跨国并购逆向知识转移中,母公司作为知识接收方,其吸收能力主要由学习意愿、知识接受能力和知识挖掘能力来体现。

1. 学习意愿

母公司接受来自本组织以外知识和建议的积极性根植于母公司的战略发展和企业文化,这对其吸收能力的形成具有直接的影响,对异地来源知识可信度的怀疑以及对变革的抵制都可能导致母公司对来自海外子公司的建议不够重视。对于中国母公司而言,虽然并购发达国家子公司具有获取子公司知识的目的,学习意愿相对较强,但母公司学习意愿还受到组织文化、知识理解和认同、母公司管理者和员工素质等多方面因素的综合影响,所以学习意愿越强的母公司能获取的逆向知识越多且效率越高。

2. 知识接受能力

母公司的知识接受能力依托于母公司的知识研发团队,受到母公司是否有相关的知识基础、知识吸收激励机制以及员工与部门学习氛围与努力程度影响。首先,虽然母子公司之间的知识存在势差和异质性,但母公司在进行并购逆向知识转移之前,对子公司的知识与自身的知识体系关联与匹配做好了相关性的调查,母子公司间知识相关性越高,母公司的接受能力越强;其次,有针对的激励机制对母公司员工和部门的学习氛围及努力程度有较大的推动作用,能充分调动学习新知识的积极性。

3. 知识挖掘能力

知识挖掘能力是指母公司的情报能力和从子公司深度获取知识的综合能力。具体体现在两个方面:一方面,母公司应清楚地了解子公司所拥有的知识价值以及子公司知识逆向转移后对母公司自身知识体系完善的重要程度;另一方面,母公司还要深度挖掘内嵌在子公司内部存储于子公司员工头脑中的不愿转移或不易转移的知识,使母公司获得更多知识。

综上所述,母公司的学习意愿、知识接受能力和知识挖掘能力正向影响逆向知识转移能力的形成,进而决定了母公司吸收逆向知识的效率和知识量。

3.4.3　知识传输渠道丰富性与选择能力的形成

逆向知识转移需要依靠特定的媒介来承载,即转移渠道,逆向知识转移渠道影响母子公司之间的信息反馈与传递、逆向知识转移资源配置、逆向知识转移决策和实施。

首先,在中国企业跨国并购逆向知识转移过程中转移渠道的多元化与丰富性,能够加快中国母公司与海外子公司之间信息和数据的流通速度,提升海外子公司对其知识的归纳整理能力和转移效率以及中国母公司对海外子公司有效知识信息辨别与转化能力,加快母子公司之间的知识共享与转换频率,最终实现逆向知识转移效用的最优化[112]。

其次,逆向知识转移过程中母子公司都有转移渠道的选择能力,且此能力具有中介调节作用,贯穿逆向知识转移的识别、萃取、整合、传递、吸收和应用整个过程;由于逆向知识转移主体双方的转移目的不同、知识自身的内容特性不同以及子公司转移意愿和母公司吸收能力内在作用机制,从而形成了不同于其他知识转移形式的渠道选择能力。

3.4.4　知识内容特性对逆向知识转移能力形成的影响

知识内容特性对逆向知识转移能力的形成具有负向性影响,主要体现在以下三个方面:

1. 知识复杂性

子公司所拥有的知识往往是依托子公司所在的特定环境,由子公司多个人员和部门之间共同协作而产生,且子公司知识的产生针对的是某些特定区域、特定生产过程或者特定服务群体而使知识只能用在这些方面,因此这类知识从产生起就具备了复杂性的特征,母公司难以在整体上对其加以理解和吸收,从而阻碍逆向知识转移过程的运行。

2.知识模糊程度

子公司的知识具有内隐性特征,根植于子公司员工的个人记忆和部门生产实践中,很难通过系统的、准确的语言和文字明确表达出来,必须通过学习实践活动方能获得。因此,子公司虽然具备了从外界获取母公司所需的异质性知识的能力,但不一定具备将其知识编码并传授给母公司的能力。

3.知识势差

知识势差对母子公司间逆向知识转移能力形成的影响主要表现在两个方面:一方面,子公司知识的数量、质量和结构等部分或全部优于母公司,正是这方面的差距才能促成逆向知识转移的产生;另一方面,当母子公司之间知识距离大于一定程度时,会造成知识脱节而不利于母子公司之间的知识流动,知识位势较低的中国母公司员工难以理解知识位势较高的子公司员工的行为和思想,这也证明了中国母公司并购高知识位势的海外子公司后,短时间内难以提升自身的知识水平与创新能力。

3.4.5 情景控制能力的形成

1.企业文化

企业文化根植于国家文化,逆向知识转移的情景控制能力会受到母子公司所在国之间的国别文化差异的影响。不同国家和地域的企业员工在思维和价值观上有明显的差异,这给跨国并购逆向知识转移中母子公司之间的沟通和协作带来困难,根据上文的研究,语言差异、思维差异、需求与市场的差异以及法律制度的差异等都负向影响逆向知识转移能力的形成。因此,母子公司双方要深入地了解学习对方企业的内外部文化,控制并减少企业文化差异带来的不利影响。

2.情感距离

跨国并购母子公司之间的情感距离主要表现在双方的信任程度,建立良好的沟通、人员互动交流和因时因地制宜的激励机制是缩小情感距离、促进情景控制能力更好发展的重要因素。相互信任的关系会产生正面合作行为,如互补性资源、专业知识及互动学习机制,以建立不易模仿的竞争能力。良好的关系质量通过建立共同身份克服逆向转移障碍,促进知识的自由交换并降低知识的转移成本,也是母子公司之间交流与合作持续深入地进行下去的良好保障。

3.物理距离

母子公司在空间上的物理距离对情景控制能力的影响主要表现在作为知识载体的个人面对面沟通交流学习、成文的知识及设备、模板、成品、原材料等交换所花费的时间和成本。随着科技的进步以及交通和运输业的飞速发展,除特殊行业外,地域间的距离对母公司控制能力的影响已逐渐弱化。

4.组织支撑能力

组织支撑能力的形成包括以下方面:母子公司采用相互学习包容的多元化沟通机制来缩小相互之间的商业模式、制度建设、组织结构和组织文化方面的差异;母公司利用激励机制和控制机制的有效组合来提高子公司的逆向知识转移意愿;母公司在界面管理能力方面加强知识的运行共享管理,建立规范化、制度化的知识管理机制;基于母公司个人和组织层面,母公司还应形成良好的学习机制,加大研发的投入,提升母公司逆向知识吸收的软实力。

3.5　本章小结

本章在第2章相关研究的基础上,总结出创造性资产的寻求和国际市场需求导向是中国企业跨国并购逆向知识转移的根本动因。本章明确了跨国并购逆向知识转移的主体、内容和载体,同时对中国企业跨国并购逆向知识转移的影响因素进行深入分析,得出知识特性、母子公司转移意愿、母子公司间的差异、母公司吸收能力和子公司传授能力、转移情境等对逆向知识转移的影响,根据影响因素剖析逆向知识转移能力的形成的机理,构建了中国企业跨国并购逆向知识转移能力形成的机理模型。逆向知识转移能力的作用机制与仿真以及各项能力的指标选取和所占权重将在本书第4章和第5章进行详细分析。

第4章

中国企业跨国并购逆向知识转移作用机制与仿真

CHAPTER

迄今为止,国内外学者对逆向知识转移与其能力之间的作用机制仍没有系统的认识,逆向知识转移及其能力是动态的,很难准确地衡量。本章根据上文的逆向知识转移影响因素和逆向知识转移能力的界定分析结果,针对跨国并购中母子公司之间逆向知识转移的作用机制,构建逆向知识转移网络演化博弈模型,并对逆向知识转移的作用机制进行仿真分析,旨在揭示逆向知识转移各要素的相互作用关系以及逆向知识转移能力对母子公司间博弈的影响。

4.1 网络演化博弈在逆向知识转移中的适用性

在经济的全球化发展过程中,为了维持竞争优势,跨国并购过程中越来越重视作为核心战略性资源的知识资源所带来的竞争优势,尤其是子公司所在东道国的先进知识和技术更是成为中国企业海外投资主要获取和学习的内容[173]。这种由东道国子公司向母国的母公司进行知识转移的行为称为逆向知识转移,它是继传统母子公司之间垂直知识转移和子公司之间水平知识转移的第三种知识转移形式[56]。

由于母公司能够在这种逆向知识转移过程中主动地选择所需的知识资源类型和内容,并能够通过控制转移输入和输出方的影响因素控制知识转移的效果,逆向知识转移成为跨国并购获取海外东道国知识资源的主要渠道之一[172]。虽然发展中国家和转型国家以技术寻求为目标的 FDI 持续增长,而且在向发达国家或新兴国家投资时可以采用逆向知识转移的方式获取和学习先进的知识资源,但是逆向知识如何获取和转移、母公司如何实施逆向知识转移的过程管理和控制等现实问题缺乏理论指导,由于对这些问题的研究和解决关系到发展中国家和转型国家创新能力的提升、关系到其竞争优势的形成和保持,因此研究逆向知识转移问题具有重大的现实意义。

在 Håkanson 和 Nobel 提出了逆向知识转移这个概念之后[28],关于跨国并购逆向知识转移的研究开始集中在逆向知识转移的存在性论证方面,如 Nair 等人以印度为背景,通过分析新兴发展中国家跨国公司在海外的 FDI 数据,证实了发展中国家跨国公司存在的逆向知识转移行为[174]。值得注意的是,虽然部分学者的研究结果表明逆向知识转移的存在性并不显著,如 Fors 对 112 家瑞典跨国公司进行的海外 R&D 活动的研究结果并不支持逆向知识转移的存在性[175],但是后续的研究大多支持跨国并购逆向知识转移的存在性结论[176,177]。在此基础上,部分学者关注逆向知识转移与传统正向知识转移的差异性问题,如 Yang 等人从知识相关性、子公司区位以及收购子公司的动机三个方面对比分析了传统正向知识转移与逆向知识转移在决定因素方面的差异性[42]。

与此同时,越来越多的学者在肯定逆向知识转移存在性的前提下展开了关于逆向知识转移的影响因素的研究,主要包括客观因素和心理因素以及组织机制等。其中,影响逆向知识转移的客观因素包括知识特点、母子公司特征和差异等方面,心理因素则主要是从认知心理学角度进行研究,包括心理契约、程序公正感知、内在动机和心理距离等内容,而组织机制则包括跨国公司逆向知识转移的运作结构、一体化机制和控制机制等内容。

综上所述,现有关于逆向知识转移的研究在方法上主要偏重规范的实证研究,如基于问卷调查的统计分析、基于企业访谈的验证分析和基于专利引用的计量分析;而在研究视角方面既包括微观层面的分析,如基于企业知识理论探讨逆向知识转移的特点和影响因素等问题,也包括宏观层面的分析,如基于 FDI 理论分析逆向知识转移过程的存在性和转移效应等问题[56]。虽然这些研究深化了对逆向知识转移的理解,但是这些研究割裂了跨国并购逆向知识转移行为在微观层面与宏观层面之间的联系,忽视了逆向知识转移过程的动态性对跨国并购过程管理和控制的影响。为了解决逆向知识如何获取和转移、母公司如何实施逆向知识转移的过程管理和控制这些问题,深入研究逆向知识转移的作用机制是不可或缺的,尤其是研究微观层面子公司与母公司之间的逆向知识转移行为与宏观层面的跨国并购逆向知识转移网络结构如何动态地影响知识的逆向转移过程,对优化逆向知识转移作用机制具有重要的理论指导意义。

网络演化博弈是指在网络环境条件下博弈双方存在竞争且相互对立,依靠各自所掌握的优势资源,在一定的规则约束下使用数学模型研究冲突对抗条件下的最优决策问题,各自选择策略并取得相应结果。网络演化博弈论是研究逆向知识转移中普遍存在的各节点间博弈和模仿行为最为有力的手段,既能反映转移双方之间的合作竞争关系,又能够很好地刻画转移双方之间的相互作用及演化动态关系。针对本节上述问题以及网络演化博弈的特点，本书的研究视角不再局限于知识管理领域，而是将其与交易成本理论联系起来，综合考虑逆向知识转移影响因素与母子公司之间的关系和逆向知识转移过程的组织控制机制，并结合微观层面中母子公司之间的逆向知识转移行为和宏观层面的逆向知识转移网络效应，基于网络演化博弈理论对跨国并购逆向知识转移动态过程进行仿真建模分析，以过程视角研究逆向知识转移的作用机制问题，进而揭示知识的逆向转移过程规律，为优化跨国并购逆向知识转移作用机制提供理论基础。

4.2 跨国并购逆向知识转移作用机制模型构建

为了定量化地研究逆向知识的获取和转移、母公司实施逆向知识转移的过程管理和控制问题，首先需要从逆向知识转移现象中抽象出母子公司的交互行为模型，从而理解逆向知识转移的作用机制。现有关于逆向知识转移的研究主要基于知识管理领域，侧重使用统计分析、验证分析和计量分析等方法，这些研究角度和方法难以解决跨国并购母子公司之间逆向知识转移行为的动态过程以及反映这种行为在微观层面与宏观层面之间的联系。与现有方法不同，本书提出一种跨国并购逆向知识转移网络演化博弈模型来解决上述问题，该模型内含三个重要概念，即跨国公司内部网络、网络博弈和网络流。

黄中伟和王宇露的研究表明，跨国公司内部成员关系构成跨国公司内部网络[178]，母子公司之间通过这种网络进行知识的逆向转移，而且基于社会嵌入理论，这种内部网络也是跨国公司母子公司社会资本包括结构资本、位置资本、关系资本和认知资本产生的源泉，从知识管理领域视角来看，通过这种内部网络可以研究知识逆向转移的影响因素问题，如杜丽虹和吴先明基于网络研究表明知识人员和工具嵌入、知识嵌入惯例、协作关系等因素与逆向知识转移的正相关关系[173]，因此可以将这种内部网络作为逆向知识转移行为研究的基础。

此外，母子公司之间的逆向知识转移行为在微观层面上表现为基于内部网络的博弈过程，称为网络博弈，实质就是母子公司通过博弈决定知识逆向转移的动态过程，而博弈过程同时也是逆向知识转移的影响因素发挥作用的过程；而在宏观层面上则表现为社会资本所体现的网络效应对逆向知识转移过程的影响。为了避免割裂跨国并购逆向知识转移行为在微观层面与宏观层面之间的联系，需要找到一种介质来有效反映这种联系。Mudambi 和 Navarra 基于母子公司控制程度对跨国公司内部知识转移的影响问题[155]，从跨国并购投资进入模式对知识流动展开研究，其中的关键之处在于提出了移植流、替代流、整合流三个概念，这种关于流的概念给予作者启发，由此本书提出网络流的概念，使用这一概念来隐喻逆向知识转移的动态过程，它同时也表示母子公司以及子公司之间的博弈策略信号传递的信息流，从而网络流可以作为微观层面的逆向知识转移博弈行为在宏观层面上的网络效应的具体表征。由此，可以基于网络流的视角，通过网络动态博弈过程来对母子公司之间逆向知识转移行为和反映这种行为在微观层面与宏观层面之间的联系进行建模分析。

4.2.1 逆向知识转移过程模型

在建模分析之前，需要首先构建跨国并购逆向知识转移的概念模型，它是对逆向知识转移行为过程的抽象表示。基于知识管理领域视角，影响跨国并购逆向知识转移的因素有很多，如子公司是否能够顺利向母公司进行逆向知识转移不仅与知识的可成文性、可观察性和嵌入性有关，而且子公司的外部网络嵌入和内部网络嵌入模式、技术和地理距离、制度环境和运行结构、一体化机制和控制机制等也是重要影响因素[179-181]。此外，由母子公司间不对称和不平衡关系造成的管理者心理认知障碍会阻碍逆向知识转移的感知并形成母子公司之间的成见，进而诱发机会主义和道德风险，提高逆向知识转移的成本和母子公司交流的复杂性。此外，基于交易成本理论，跨国并购逆向知识转移的顺利实现离不开母子公司的努力和成本付出，如母公司对逆向知识转移机制和渠道的建设、子公司对逆向转移知识的管理等，这实际上反映了母子公司逆向知识转移过程所产生的交易成本。为了简化建模分析的复杂度，使其符合量化分析的要求，本书需要将诸多影响因素进行归纳提炼，从而把握关键影响因素。

基于上述考虑，本书结合知识管理领域视角与交易成本理论，定义了两个基本概念，即母子公司在知识逆向转移过程中付出的单位成本和努力成本。其中，单位成本表示的是跨国并购的子公司和母公司分别对知识进行整理和逆向转移、学习与吸收所需要付出的成本，它与逆向转移的知识量大小有关，是知识逆向转移过程的直接成本。与单位成本不同，努力成本与逆向转移的知识量大小无关，表示的是子公司和母公司为促成知识的逆向转移所付出的努力和代价，它表现为构建逆向知识转移制度和渠道、突破逆向知识转移的各种障碍所需付出的成本，是知识逆向转移过程的间接成本。

需要注意的是,通过区分逆向知识转移过程的直接成本和间接成本,能够将知识管理领域中的基于微观层面的影响逆向知识转移的因素进行有效归纳。具体来说,单位成本这一概念的现实意义即为知识的可编码程度、知识类型和特性等影响因素的综合反映,而努力成本这一概念的现实意义则是地理距离和网络嵌入模式、制度环境和组织运行与控制机制、转移意愿和转移能力、认知障碍和吸收能力等影响因素的综合反映。

此外,还需要考虑宏观层面上影响逆向知识转移的网络效应,具体表现为跨国公司内部网络结构对逆向知识转移过程的影响。本书定义这种网络为跨国并购逆向知识转移网络,它描述的是跨国并购的母子公司之间和子公司之间的逆向知识转移关系,以及它们在博弈过程中的策略信号传递和策略模仿关系。

本书将跨国并购逆向知识转移过程视为一个复杂系统,基于复杂系统理论,在考虑微观层面和宏观层面影响因素的基础上,参考第 2 章的跨国并购逆向知识转移一般过程,并结合逆向知识转移过程中母子公司的博弈过程和组织控制机制,提出跨国并购逆向知识转移过程的概念模型(图 4.1)。在本书提出的概念模型中,逆向知识转移行为以跨国公司逆向知识转移网络这一载体为支撑,并受到母子公司单位成本和努力成本的约束,而母公司的知识收益和子公司进行逆向知识转移所获得的补偿收益则作为一种反馈驱动逆向知识转移行为的持续发生。值得注意的是,在逆向知识转移过程中,子公司的博弈决策是向母公司逆向转移的知识量,而母公司的博弈决策是对子公司逆向知识转移行为的补偿。其中,子公司的博弈决策不仅需要考虑自身知识逆向转移过程所需要付出的各种成本和母公司对其逆向知识转移行为的补偿,还需要考虑在跨国并购逆向知识转移网络支撑下的其他子公司的博弈策略对其博弈收益的影响,而母公司的

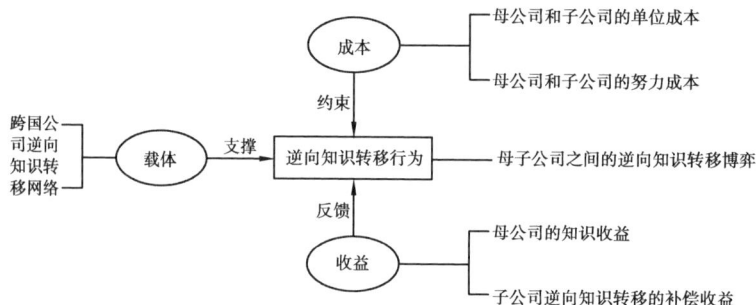

图 4.1 跨国并购逆向知识转移过程的概念模型

博弈决策则需要考虑在跨国并购逆向知识转移网络中的子公司逆向转移的知识量以及对子公司逆向知识转移行为补偿和吸收逆向转移知识所需要付出成本之间的平衡。

4.2.2　跨国并购逆向知识转移的网络结构

可以将跨国并购逆向知识转移网络表示为 $G=(V,E)$，其中 V 是网络 G 中的节点，$V\in\{v^\alpha,v^\beta\}$，v^α 表示母公司，$v^\beta=\{1,2,\cdots,N\}$，表示子公司集合；而 E 是网络 G 中的连边，$E\in\{E^{type1},E^{type2}\}$，$E^{type1}$ 表示子公司向母公司的逆向知识转移关系，本书设定所有子公司均与母公司存在这种逆向知识转移关系，E^{type2} 表示子公司之间的博弈策略信号传递和策略模仿关系，若子公司 i 和子公司 j 之间存在博弈策略信号传递和策略模仿关系，则这两个子公司之间存在连边。本书设定子公司向母公司的逆向知识转移关系以及子公司之间的博弈策略信号传递和策略模仿关系是对等的，因此本书的跨国并购逆向知识转移网络是无向无权网络。

图4.2为四种不同的逆向知识转移网络结构，网络中的节点包括两种类型，其中左侧节点表示母公司，右侧节点表示子公司。母公司与所有子公司存在连边，表示所有子公司均存在向母公司进行逆向知识转移的渠道；而子公司之间的

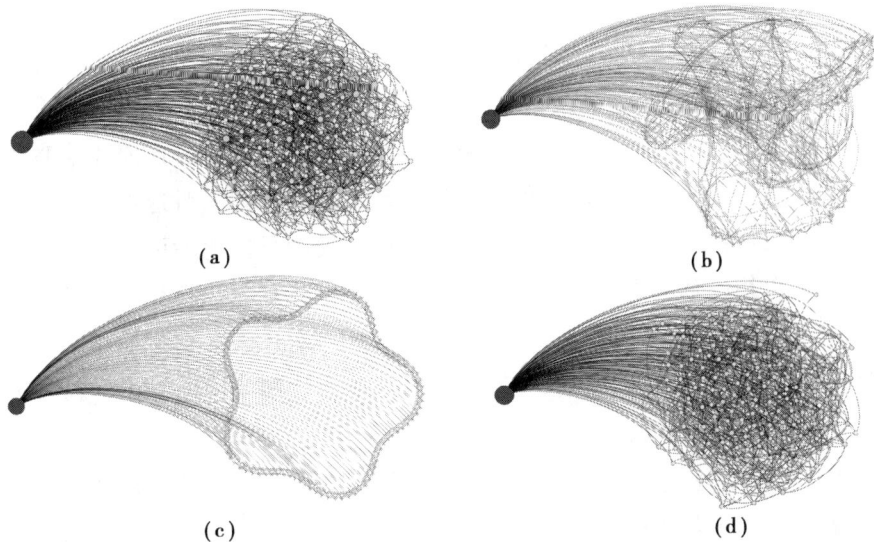

图4.2　四种不同的跨国并购逆向知识转移网络结构

连边表示子公司之间博弈策略的信号传递和策略模仿,其关系结构可以根据实际情况划分为多种类型。其中,图 4.2(a)表示子公司之间的关系结构具有无标度网络结构特征,图 4.2(b)表示子公司之间的关系结构具有小世界网络结构特征,而图 4.2(c)、(d)分别表示子公司之间的关系结构具有规则和随机网络结构特征,上述四种网络的具体生成算法参考文献[182]。图 4.2 中各子公司之间四种基本网络类型的结构特征如表 4.1 所示。

表 4.1　子公司之间四种基本网络类型的结构特征

网络类型	基本网络结构特征					
	节点数	连边数	平均度	网络密度	平均集聚系数	平均路径长度
BA 无标度网络	200	800	7.9	0.04	0.090	2.663
WS 小世界网络	200	800	8.0	0.04	0.293	3.138
NN 规则网络	200	800	8.0	0.04	0.643	12.940
ER 随机网络	200	800	8.0	0.04	0.036	2.757

4.2.3　跨国并购逆向知识转移作用机制的网络演化博弈模型

图 4.1 的概念模型反映了在逆向知识转移这个复杂系统中,母子公司在逆向知识转移方面的决策过程实际上是一个动态的博弈过程,其博弈收益不仅与双方的博弈策略有关,还与其博弈策略的更新以及对其他子公司博弈策略的模仿有关,这个过程属于复杂网络的演化博弈理论范畴。为了对这种动态过程进行量化研究,需要解决的关键问题是如何将概念模型具体化为可量化分析的行为模型,而以往的基于规范性实证研究的方法难以实现这一目标。为了有效解决上述问题,本书基于复杂网络研究领域中的演化博弈理论,通过构建跨国并购逆向知识转移网络演化博弈模型,以仿真模拟的方法解决逆向知识转移行为的量化分析问题(图 4.3)。

在提出的模型中,母子公司之间的逆向知识转移行为实质上是基于网络的演化博弈行为,子公司和母公司的博弈决策分别是向母公司逆向转移的知识量和对子公司逆向知识转移行为的收益补偿。其中,子公司的博弈决策需要考虑的因素包括知识逆向转移的单位成本和努力成本、所获得的收益补偿以及网络

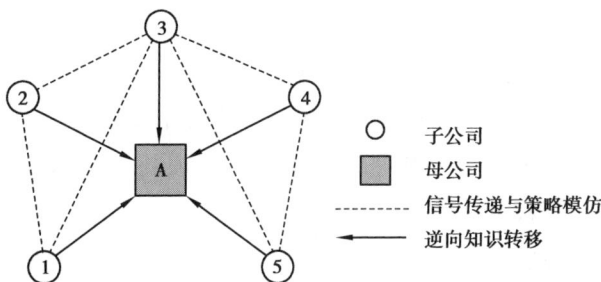

图 4.3　跨国并购逆向知识转移网络演化博弈模型

中其他子公司博弈策略对其博弈收益的影响；而母公司的博弈决策需要考虑的因素包括获得子公司逆向转移的知识量、付出的单位成本和努力成本，以及对子公司逆向知识转移行为的收益补偿。在每一轮的博弈过程中，母公司和子公司分别根据其自身的博弈策略更新规则更新其博弈策略，从而在不断的重复迭代过程中实现跨国公司逆向知识转移动态过程的网络演化博弈，其中网络演化博弈的状态不仅与母公司和子公司的博弈策略更新规则有关，还受到子公司之间的博弈策略信号传递和策略模仿关系的直接影响。在逆向知识转移过程中，子公司博弈策略的选择除了考虑母公司的博弈策略，还会对逆向知识转移网络中邻居子公司的博弈策略进行比较和模仿，而这些邻居子公司的博弈策略作为一种信息，其在传递过程中会发生信号失真和理解偏差等问题，本书将这种现象称为信号传递噪声。因此，上述直接影响的形式具体表现为网络结构关系和博弈策略信号在网络中的传递噪声，其中网络结构关系决定子公司之间的博弈对象和策略模仿对象，而博弈策略信号传递噪声影响博弈策略的制订和更新，是网络效应的具体体现。

在本书提出的网络演化博弈模型中，设定子公司和母公司的博弈策略更新方式为同步更新，其中子公司的博弈策略更新规则采用费米更新规则[24]，即子公司在跨国并购逆向知识转移作用机制的网络演化博弈过程中具有博弈策略的模仿和学习能力，在每一轮博弈后子公司进行博弈策略的更新，更新的规则是从其网络邻居中随机选择一个子公司，以概率 W 对其博弈策略进行模仿学习：

$$W(S_x \to S_y) = \frac{1}{1 + \exp\left(-\dfrac{U_y - U_x}{\kappa}\right)} \tag{4.1}$$

其中 U_x 和 U_y 分别表示个体 x 和 y 的博弈收益，参数 $\kappa>0$ 表示噪声，代表博弈个体产生非理性博弈行为的可能性。$\kappa \to 0$ 表示确定的模仿规则，即当 $U_y>U_x$

时,个体 x 确定学习 y 的博弈策略;$\kappa \to +\infty$ 表示随机的模仿规则,即所有的博弈信息均被噪声所淹没,个体 x 只能随机更新自身的策略;当个体 x 和 y 的博弈收益相等时,个体 x 以 50% 的概率模仿学习个体 y 的博弈策略。

母公司的博弈策略更新规则采用善意的 TFT 规则[24]。TFT 规则也称"针锋相对、以牙还牙"策略,这里是指母公司对所有子公司开始时均采用积极的补偿策略,此后当子公司采用积极策略向母公司进行逆向知识转移时,母公司在下一轮博弈时将采用积极的补偿策略,而一旦子公司采用消极策略,则母公司在下一轮博弈时将采用消极的补偿策略。本书设定母公司与子公司的博弈策略更新规则不同,一方面是由于母公司和子公司的博弈立场和目标不同,其中母公司旨在激励更多的子公司进行积极的逆向知识转移从而吸收更多的知识量,另一方面是由于在跨国并购逆向知识转移网络中子公司比母公司具有更多的更加灵活的策略学习和模仿对象。

跨国并购逆向知识转移网络中的母公司和子公司之间的博弈收益矩阵如图 4.4 所示。

母公司

		积极补偿	消极补偿
子公司	积极转移	$\Phi^{\alpha}_{积},\Phi^{\beta}_{积}$	$\Phi^{\alpha}_{积},\Phi^{\beta}_{消}$
	消极转移	$\Phi^{\alpha}_{消},\Phi^{\beta}_{积}$	$\Phi^{\alpha}_{消},\Phi^{\beta}_{消}$

图 4.4 跨国并购逆向知识转移的博弈收益矩阵

在上述跨国并购逆向知识转移的博弈收益矩阵中,子公司进行积极和消极逆向知识转移的差异在于每期逆向知识转移的比例,而母公司对子公司逆向知识转移进行积极和消极补偿的差异在于每期逆向知识转移补偿率。基于图 4.1 的跨国并购逆向知识转移的概念模型,本书设定图 4.4 中的母公司吸收逆向转移知识的收益为

$$\Phi^{\alpha} = k^{\beta} \cdot (P^{\alpha} - \varepsilon^{\beta} - c^{\alpha}) - (\mu^{\alpha} \cdot k^{\beta})^{2} \tag{4.2}$$

式中 Φ^{α}——母公司吸收逆向转移知识收益;

      c^{α}——母公司吸收逆向转移知识的单位成本;

      μ^{α}——母公司促成子公司逆向知识转移的努力成本;

      k^{β}——子公司每期逆向知识转移量。

$$k^{\beta} = \lambda^{\beta} \cdot K$$

式中 λ^{β}——子公司逆向知识转移比例;

K——子公司每期知识量。

子公司进行逆向知识转移的收益为

$$\Phi^\beta = k^\beta \cdot (\varepsilon^\beta - c^\beta) - (\mu^\beta \cdot k^\beta)^2 \tag{4.3}$$

式中　Φ^β——子公司每期逆向知识转移收益；

　　　c^β——子公司逆向知识转移的单位成本；

　　　μ^β——子公司进行逆向知识转移的努力成本；

　　　ε^β——子公司单位知识逆向转移收益。

$$\varepsilon^\beta = P^\alpha \cdot \phi^\alpha$$

式中　P^α——母公司单位知识价值；

　　　ϕ^α——母公司对子公司单位知识逆向转移的补偿率。

4.3　数值仿真过程和结果

4.3.1　数值仿真设置

本书基于四种不同的经典网络结构类型构建如图 4.2 所示的跨国并购逆向知识转移网络结构,网络基本结构特征见表 4.1。此外,为了便于不同网络结构下跨国并购逆向知识转移的网络演化博弈过程的比较,本书对式(4.2)和式(4.3)的具体参数进行设定。具体如下:基于参数设置的标准化惯例,可以将子公司每期知识量 K 和母公司单位知识价值 P^α 均设为 1;子公司逆向知识转移比例 λ^β 为子公司每期博弈的决策,该参数的分布形式可以根据实际情况而定,本书为了简化仿真模拟的复杂度,采用常见的均匀分布假设,而且这样的假设有利于区分积极策略和消极策略的比例,因此本书设定其初始策略服从[0.1,1]均匀分布,并界定 $\lambda^\beta \geq 0.5$ 为积极策略,$\lambda^\beta < 0.5$ 为消极策略;母公司对子公司单位知识逆向转移的补偿率 ϕ^α 为母公司每期博弈的决策,由于母公司的博弈策略更新规则为 TFT 规则,这意味着母公司是善意的[24],因此与 λ^β 的分布假设依据相似,本书设定母公司对子公司的初始策略服从[0.5,1]均匀分布,并界定 $\phi^\alpha \geq 0.5$ 为积极策略,$\phi^\alpha < 0.5$ 为消极策略。另外,子公司博弈策略更新规则中的噪声 κ,母公司和子公司的单位成本 c^α、c^β 以及母公司和子公司的努力成本 μ^α、μ^β 为本书需要分析的具体参数,根据标准化的处理原则,本书设定需要分析的噪声 κ

的取值范围为 $[0.1,1]$,而 c^{α} 、 c^{β} 和 μ^{α} 、 μ^{β} 的取值范围均为 $[0.1,0.9]$ 。仿真计算通过 Matlab2010b 实现,仿真结果为同一组参数重复运行 20 次后取平均值所得。值得注意的是,在本书的数值仿真过程中,在 $t=300$ 时所有子公司和母公司的博弈决策均达到了稳态,因此本书设定仿真周期为 $t=300$ 。

关于网络演化博弈的一个重要测度指标是合作频率,即

$$f_c = \frac{N_{ct}}{N_t}$$

式中　N_{ct} ——t 时期采用合作策略的博弈个体数;

　　　N_t ——t 时期网络中所有的博弈个体数。

在对跨国并购逆向知识转移的网络演化博弈模型进行仿真分析时,本书发现四种网络结构下,无论是子公司还是母公司最终在稳态时均采用积极策略,其差异在于稳态的实现速度,因此以下分析均以积极策略的稳态实现速度为测度指标,并将其界定为

$$V_{f_c} = \frac{T}{T_c}$$

式中　T ——仿真周期;

　　　T_c ——积极策略达到稳态所需时间。

4.3.2 信号传递噪声的影响

对于跨国并购逆向知识转移,一个需要分析的重要问题是在网络中博弈策略的信号传递噪声对母子公司的逆向知识转移产生什么影响。图 4.5 反映了信号传递噪声对母子公司合作策略稳态实现速度的影响,其中图 4.5(a)、(b)分别为四种网络结构下信号传递噪声对子公司积极转移策略和母公司积极补偿策略在稳态实现速度方面的影响,横轴表示信号传递噪声 κ ,纵轴为稳态实现速度 V_{f_c} 。

图 4.5(a)显示无论是哪种网络结构,随着信号传递噪声的不断增大,子公司积极转移策略的稳态实现速度 V_{f_c} 不断减少,而图 4.5(b)则显示信号传递噪声同样对母公司积极补偿策略的稳态实现速度具有负向影响,只是影响程度并没有图 4.5(a)显著。这表明信号传递噪声对母子公司博弈策略的采纳和更新均具有重要影响。一方面,它通过网络结构传递有噪声的策略信号以影响子公司下一期的博弈策略,进而影响子公司积极转移策略的稳态实现速度 V_{f_c} 。另一方面,

虽然 TFT 这种"反馈—响应"型策略能够使母公司对某一子公司博弈策略的制订
不受其他子公司策略的影响,但是 TFT 策略不能阻断信号传递的网络效应,信号
传递噪声仍旧可以通过子公司策略的变动同步影响母公司积极补偿策略的稳态
实现速度。因此,为了弱化信号传递噪声对母子公司 V_{f_c} 的影响从而促进子公司
的逆向知识转移,需要构建有效的信息传递机制和渠道,尤其是鼓励和促进子公
司之间通过项目合作等形式形成强关系,这对于削弱信号传递噪声的影响具有
重要作用。

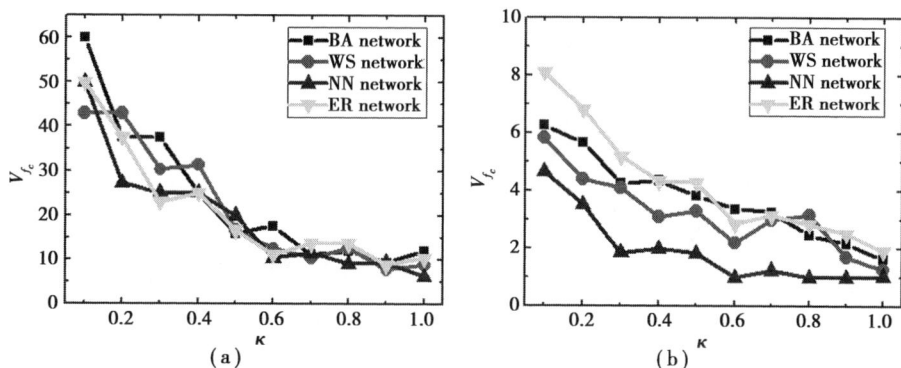

图 4.5　信号传递噪声对母子公司 V_{f_c} 的影响

4.3.3　单位成本的影响

　　单位成本是母子公司逆向知识转移的直接成本,是逆向知识转移水平的重
要影响因素。图 4.6 和图 4.7 分别反映了子公司和母公司单位成本对母子公司
V_{f_c} 的影响。其中,图 4.6(a)、(b)分别是子公司单位成本对不同网络结构下子公
司和母公司 V_{f_c} 的影响,而图 4.7(a)、(b)分别是母公司单位成本对子公司和母
公司 V_{f_c} 的影响,横轴代表单位成本 c,纵轴代表 V_{f_c}。

　　由图 4.6(a)可知,无论是在哪种网络结构下,子公司单位成本越高,对子公司
V_{f_c} 的影响就越大;而图 4.6(b)则显示子公司单位成本对母公司 V_{f_c} 并不具有显著
的趋势性影响。子公司单位成本对母子公司 V_{f_c} 的不同影响表明子公司单位成本
影响的可分离特征,它虽然可以通过影响博弈收益从而直接影响子公司的博弈决
策,但是子公司的博弈决策还受到其他邻居子公司博弈策略的影响,这种网络效应
使母公司即便采用 TFT 这种"反馈—响应"型策略同样也能够抵抗子公司单位成

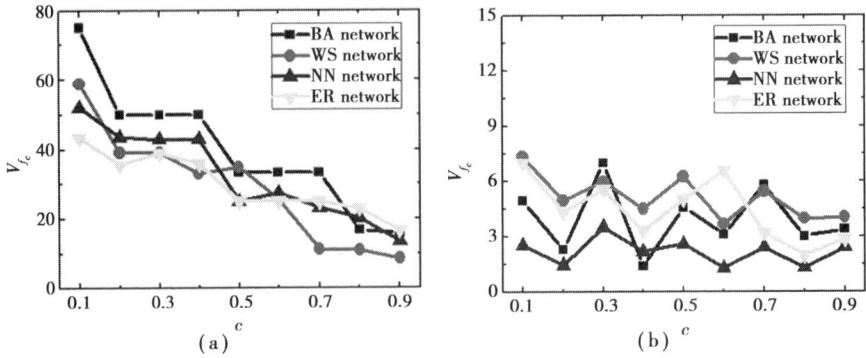

图 4.6　子公司单位成本对母子公司 V_{f_c} 的影响

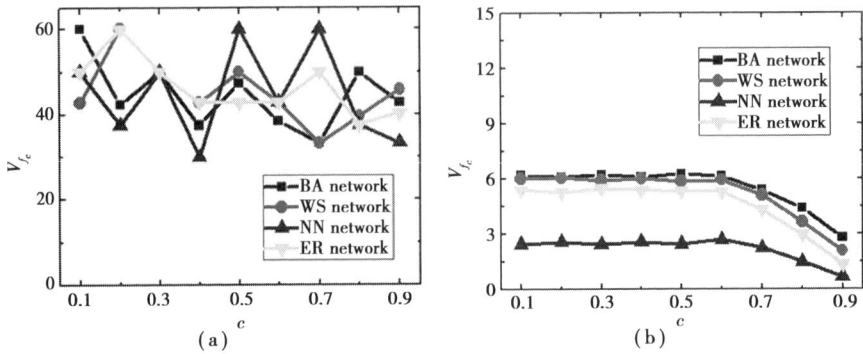

图 4.7　母公司单位成本对母子公司 V_{f_c} 的影响

本对其 V_{f_c} 的影响。

图 4.7(a)显示,无论是在哪种网络结构下,母公司单位成本对子公司 V_{f_c} 均不具有显著的趋势性影响;而图 4.7(b)则显示母公司单位成本对子公司 V_{f_c} 的影响存在一个平稳区间。因此,与子公司单位成本相似,母公司单位成本对母子公司 V_{f_c} 的影响同样具有可分离特征。另外,由式(4.3)可知,母公司单位成本对其吸收逆向转移知识的收益影响是线性的,这种线性关系使母公司总体博弈收益具有平稳性,从而造成如图 4.7(b)所示的平稳区间。这进一步表明,虽然母公司单位成本直接影响其自身的博弈收益,但是母公司的 TFT 策略意味着母公司的博弈策略主要受子公司博弈策略的影响,因此母公司在一定的收益范围内能够保持平稳的积极补偿策略稳态实现速度 V_{f_c},从而对子公司的 V_{f_c} 并不存在直接的显著影响。

综上所述,由于母子公司单位成本对母子公司 V_{f_c} 的影响均具有可分离特征,因此可以忽略母子公司单位成本的传导效应,直接通过提升子公司的整理和转移知识能力、强化母公司的吸收知识能力等途径降低母子公司单位成本进而促进子公司的逆向知识转移。

4.3.4 努力成本的影响

逆向知识转移的有效实现离不开母子公司为构建逆向知识转移制度和渠道、突破逆向知识转移障碍所付出的努力,这种努力的代价表现为努力成本,它是母子公司逆向知识转移的间接成本,同样也是逆向知识转移水平的重要影响因素。图4.8和图4.9分别反映了子公司和母公司努力成本对母子公司 V_{f_c} 的影响。其中,图4.8(a)、(b)分别是子公司努力成本对不同网络结构下子公司和母公司 V_{f_c} 的影响,而图4.9(a)、(b)分别是母公司努力成本对子公司和母公司 V_{f_c} 的影响,横轴代表努力成本 μ,纵轴代表 V_{f_c}。

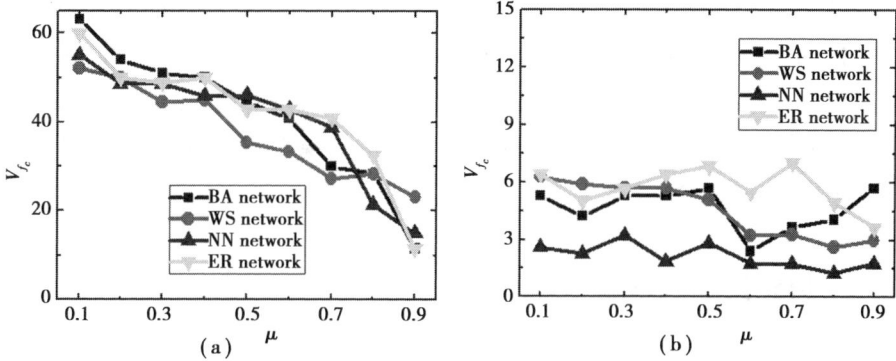

图 4.8　子公司努力成本对母子公司 V_{f_c} 的影响

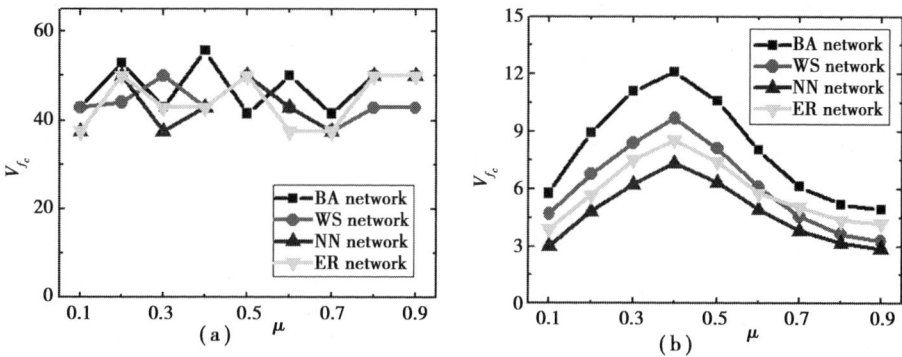

图 4.9　母公司努力成本对母子公司 V_{f_c} 的影响

由图 4.8（a）可知，与单位成本对子公司 V_{f_c} 的影响相似，无论是在哪种网络结构下，子公司的努力成本越高，其对子公司 V_{f_c} 的影响就越大；而图 4.8（b）则显示子公司努力成本对母公司 V_{f_c} 不具有显著的趋势性影响。子公司努力成本对母子公司 V_{f_c} 的不同影响表明子公司努力成本同样具有可分离特征。

图 4.9（a）显示，无论是在哪种网络结构下，母公司努力成本对子公司 V_{f_c} 均不具有显著的趋势性影响。这表明虽然母公司努力成本同样影响其博弈收益，但是母公司通过采取 TFT 策略，以"反馈—响应"的形式可以阻断母公司努力成本对子公司 V_{f_c} 的影响。图 4.9（b）显示，与单位成本不同，无论是在哪种网络结构下，母公司努力成本对子公司 V_{f_c} 的影响存在最优区间。实际上，不仅过少的努力成本投入会削弱逆向知识转移的有效性，而且过多的努力成本投入同时也会降低母公司的博弈收益和造成资源的冗余，从而降低逆向知识转移的有效性。

综上所述，由于子公司努力成本对母子公司 V_{f_c} 的影响均具有可分离特征，而且母公司努力成本对其 V_{f_c} 的影响存在最优区间，因此子公司可以忽略其努力成本的传导效应，通过对逆向知识转移制度和渠道建设的协作以及对逆向知识转移障碍的突破实现高效的逆向知识转移，而母公司则需要调整其努力成本的投入，通过完善和优化逆向知识转移制度和渠道实现 V_{f_c} 的最优化，从而促进子公司的逆向知识转移。

4.3.5 网络结构的影响

跨国并购逆向知识转移网络不仅描述了母子公司之间的逆向知识转移关系，还反映了子公司之间博弈策略信号传递和策略模仿的关系，这意味着不同网络结构对子公司之间博弈策略的信号传递和策略模仿具有不同的影响，进而影响逆向知识转移的博弈结果。因此，为了对现有网络结构进行调整从而形成最优的网络结构以优化逆向知识转移进程，需要对跨国并购逆向知识转移网络结构的作用机制进行分析。

根据基本网络结构类型，本书采用了四种经典网络表示子公司不同类型的逆向知识转移网络。在网络结构方面，无标度网络与随机网络的显著区别在于网络中的度分布，无标度网络的度分布服从幂律分布，这种分布具有异质性特征，表现为网络中存在大度值的 hub 节点，而且网络节点度值分化严重，少数节点拥有大部分的度值，大多数节点的度值较小。度分布在逆向知识转移网络中表示的是各个子公司博弈信号传递渠道的数量分布特征,是影响博弈策略采纳和更新的重要因素,表4.2反映了在不同网络下母子公司逆向知识转移博弈的平均收益差异。在逆向知识转移过程的前期,由于网络中母子公司之间的知识水平和知识距离较大,符合直接知识转移约束条件的网络其他节点企业范围最大,且间接转移知识量较小,因此无标度网络凭借其hub结构能在逆向知识转移过程的前期获得更高水平的知识水平增量,且母子公司能获得较大的收益。由表4.2可知,结合四种网络结构标准差对应的母子公司平均收益,无标度网络和小世界网络具有较大的平均收益,无标度网络的平均收益大于小世界网络,而随机网络的平均收益最小,因此本书侧重对无标度网络影响母子公司平均收益的机理进行探究,并以随机网络结构进行对比分析。

表4.2 不同网络的平均收益差异

网络类型	平均收益(标准差)			
	无标度网络	小世界网络	规则网络	随机网络
子公司	0.675(0.039)	0.653(0.036)	0.650(0.036)	0.646(0.044)
母公司	0.195(0.021)	0.193(0.023)	0.191(0.014)	0.189(0.024)

为了对跨国并购逆向知识转移网络结构的作用机制进行分析,本书首先对比不同度分布下子公司初态和终态的策略分布的演化情况(图4.10)。其中,图4.10(a)、(b)表示的是无标度网络中子公司初态和终态的策略分布情况,作为对比,图4.10(c)、(d)表示的是随机网络中子公司初态和终态的策略分布情况。在图4.10(a)、(c)中,本书设定初态时无标度网络中采用消极策略的最大度值为35,采用积极策略的最大度值为31,而随机网络中采用消极策略和积极策略的最大度值分别为16和14,而且采用积极策略和消极策略的比例均为1∶1。此外,由图4.10(a)、(c)可知,无标度网络的度分布相比随机网络具有更显著的分布异质性。由图4.10(b)、(d)可知,无论初态时的策略分布具有何种差异性,终态时消极策略在无标度网络和随机网络中均发生湮灭,而积极策略则完全覆盖了所有子公司,无标度网络中母子公司积极策略的稳态实现速度均高于随机网络。

综上所述,由于子公司之间博弈策略信号传递和策略模仿的强烈程度依赖于作为载体的跨国并购逆向知识转移网络,因此具有无标度特征的网络更有利于促成积极策略的传递扩散。为了促进子公司的逆向知识转移,如何通过对子公司之间的网络结构进行调整使其形成无标度网络是关键。

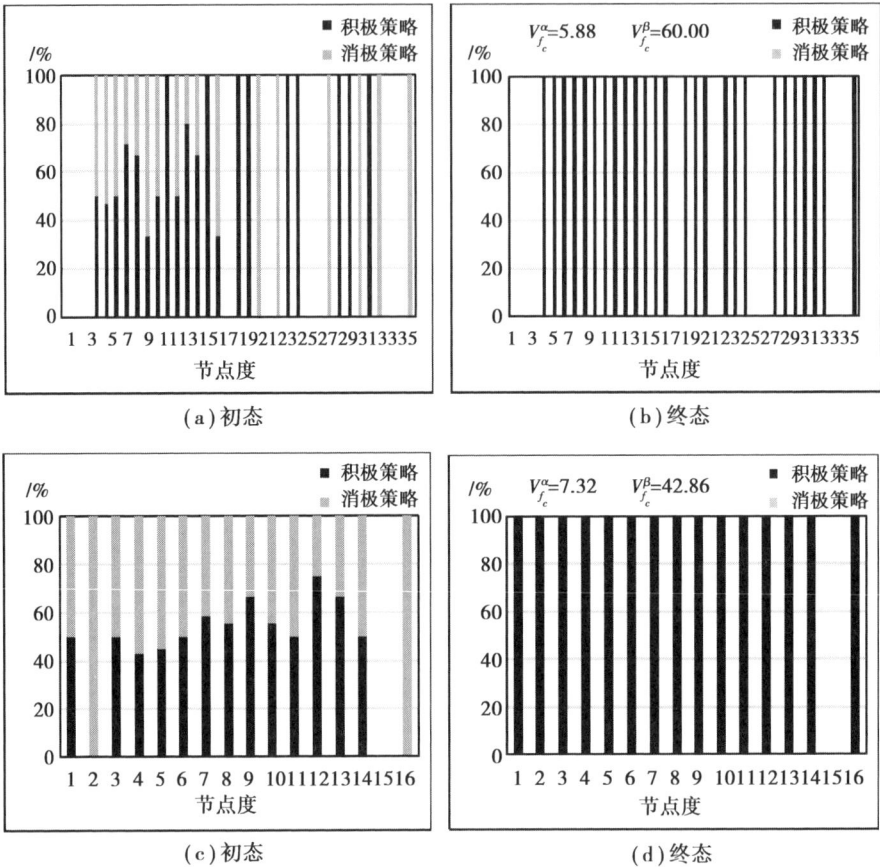

图 4.10 初态和终态的策略分布

4.4 仿真结果分析与应用

基于本书提出的逆向知识转移作用机制的网络演化博弈模型,对跨国并购逆向知识转移网络中母子公司博弈行为进行仿真分析,得到以下结果:

(1)在逆向知识转移博弈过程中存在的策略信号传递噪声对母子公司博弈策略的采纳和更新均具有重要影响,而 TFT 策略不能阻断博弈策略信号传递的网络效应。

(2)在对母子公司积极策略稳态实现速度的影响方面,母子公司的单位成本和子公司的努力成本均具有可分离的特征,而母公司的努力成本对其积极策略稳态实现速度的影响存在最优区间。

(3)子公司之间博弈策略信号的传递和策略的模仿强烈依赖于载体的网络结构,无标度网络结构更有利于促成积极策略的传递扩散。

因此,跨国并购尤其是发展中国家和转型国家中的跨国并购,应该在理解逆向知识转移的运行机制和过程规律的基础上,结合逆向知识转移影响因素、逆向知识转移能力的构成要素与形成机理,从以下方面优化跨国并购逆向知识转移过程,进而强化跨国并购逆向知识转移的过程管理和控制。

针对逆向知识转移传输渠道和选择能力来说,有效的跨国并购内部信息沟通机制和渠道是母子公司降低博弈策略信号传递噪声、优化逆向知识转移博弈决策的前提,尤其是在地理距离的限制下,无论是母公司与海外子公司之间的垂直沟通还是子公司之间的平级交流,都需要突破地理距离的限制,建立和完善沟通渠道,形成定期和有效的沟通机制,并鼓励通过项目合作等多种方式促进母子公司、子公司之间强关系的形成,进而提升跨国并购内部的社会资本水平。无论是社会资本中的结构资本、关系资本、认知资本还是位置资本,它们的提升都有利于强化母子公司在逆向知识转移网络中的嵌入程度,进而推动逆向知识转移行为的持续发展。

为了有效提高跨国并购逆向知识转移绩效,无论是母公司还是子公司均应该实施针对单位成本和努力成本的全过程成本管理。对于单位成本的全过程管理,本书研究结果表明可以忽略母子公司单位成本的传导效应,因此可以直接通过提升子公司对知识的编码和转移能力、强化母公司对知识的吸收和学习能力等途径降低逆向知识转移所需的单位成本。对于努力成本的全过程管理,本书研究结果表明母公司的努力成本对积极策略稳态实现速度的影响存在最优区间,因此子公司可以忽略其努力成本的传导效应,通过对逆向知识转移制度和渠道建设的协作,以及对逆向知识转移障碍的突破,实现高效的逆向知识转移;而母公司则需要通过完善和优化逆向知识转移制度和渠道,从而有效平衡其努力成本以促进子公司的逆向知识转移。

本章研究结果表明,跨国并购关系网络的结构直接影响母子公司对逆向知识转移的博弈策略选择,高效的跨国并购关系网络应该具有无标度结构特征。为此,母公司可以通过优化内部的组织和控制机制,如对跨国并购运作结构、一体化机制和社会化机制等方面进行完善,以及对暂时性团队和永久性团队结构、基于个人、书面或信息技术的沟通联络机制等的调整,进而促进子公司之间合作联系的广泛建立和激励核心子公司在项目合作等方面发挥牵引和主导作用,以此促进跨国并购关系网络的无标度结构特征涌现。

4.5　本章小结

　　本章在对前面研究的逆向知识转移能力的构成要素和逆向知识转移影响因素进行有效归纳的基础上,主要采用网络演化博弈的方法,对中国企业跨国并购知识转移作用机制进行分析。首先,本章分析了网络演化博弈在逆向知识转移研究中的适用性,通过逆向知识转移所呈现出的系统演化的特征,国内外学者专家已证实演化博弈可以应用于逆向知识转移的研究;其次,本章构建了跨国并购逆向知识转移动态模型,即网络演化博弈模型,以解决逆向知识的获取和转移、母公司实施逆向知识转移的管理和控制问题;最后,本章基于四种经典网络设置了知识量、网络结构、单位成本、努力成本和信号传递噪声等的数值仿真参数,对参数进行分析和计算,并将结果应用到母子公司逆向知识转移的博弈决策中。对基于网络流的逆向知识转移作用机制研究,补充和丰富了逆向知识转移影响因素与逆向知识转移能力之间的联系和对应关系,为逆向知识转移能力指标体系的建立和实证分析的研究提供了有力的支持。

第 5 章

中国企业跨国并购逆向知识转移能力评价体系和评价模型的构建

CHAPTER

前面对中国企业跨国并购逆向知识转移影响因素及其作用机制、逆向知识转移能力和逆向知识转移作用机制的分析,体现了逆向知识转移研究体系中的知识输出和处理过程等环节,但研究的内容均为逆向知识转移的过程要素,对逆向知识转移能力并未进行验证。本章主要是对中国企业跨国并购逆向知识转移能力进行综合评价,目的是衡量中国企业跨国并购后进行逆向知识转移所体现出来的整体效果。

5.1　逆向知识转移能力评价指标体系构建的原则和依据

5.1.1　指标体系的构建原则

中国企业跨国并购逆向知识转移能力评价是指逆向知识转移活动中对母子公司双方能力在逆向知识转移中的作用和逆向知识转移的结果进行考评。在中国企业逆向知识转移过程中,东道国子公司作为知识发送者,而中国母公司为知识接受者,在此逆向转移过程中涉及诸多因素,因此,需要综合考虑各相关领域专家学者和研究机构的观点以及中国企业跨国并购逆向知识转移过程的特点来设计相关指标。

在众多方法的计算中,起关键和决定性作用的是指标的选取以及如何构造指标体系架构。由于知识本身就是无法定量测量的,而且跨国转移会受到人员素质、管理机制、企业文化等多方面的影响,知识转移能力的度量具有很强的模糊性,指标的选取、指标值的度量以及有效的具有可操作性的评价模型的建立都具有相当的难度。指标体系的构建要充分考虑到分析与综合相结合、微观与宏观相结合、静态分析与动态分析相结合。本章在指标构建上所遵循的主要原则与依据是:

1. 科学性原则

指标选择、数据选取和计算必须以公认的科学理论(统计理论、决策科学的理论等)为依据,指标体系应围绕评价目的,科学反映评价对象及其特征,指标概念正确、含义清晰,各指标之间不应有很强的相关性,尽可能避免显见的包含关系。

2. 系统性原则

中国企业跨国并购逆向知识转移能力评价指标体系是在结合中国企业跨国并购逆向知识转移的影响因素、过程分析、能力建设和转移情境基础上的系统性评价体系,指标体系应能全面地反映逆向知识转移能力的整体情况,涵盖知识转移的各个要素,并且从中抓住主要因素,以保证综合评价的全面性和可信度。

3. 可操作性原则

知识转移是复杂的,很难掌控,同时逆向知识转移又不可避免地与跨国并购双方运作经营、企业文化有着密切的联系。因此,指标体系应能全面反映这些方面的影响,以使测度全面完整。但这又同时存在一个矛盾问题,即指标集庞大而且相互交叠,因为企业内部存在着十分复杂的相互制约与影响关系,指标体系过于庞大和复杂将直接影响现实的可操作性。因此,必须进行适度的化简和归并,将较多的指标化简归并于数量较少的若干个关键的、同时又能反映相应指标内涵的范围中。

4. 可比性原则

逆向知识转移的双方主体和环境都存在着各种各样的差异,因此,指标选取的可比性是一切定量比较方法都必须考虑的问题和遵循的原则。这就需要对初始指标进行必要的处理,甚至对测度的企业进行必要的选择,以保证企业间的可比性。

5. 简明性原则

中国企业跨国并购逆向知识转移能力评价指标体系应避免过分复杂和晦涩难懂,在不失去基本的信息量和要求的前提下,努力避免指标间的复杂勾连关系,并尽可能使指标的意义简单明了。如果企业已有测度指标能够反映出所要求的测度内容,就应将初始指标向规范指标靠近,最大限度地减少指标集的数量。化简归并、减少交叉勾连、向标准指标靠近是总的原则。

5.1.2 指标体系构建依据

以往的研究大多集中于技术转移能力方面的研究,而关于逆向知识转移的研究并未系统化,但随着知识转移这一领域的研究深入,国内外学者涉足知识转移能力评价方向的研究逐渐丰富起来。

Cohen 和 Levinthal 认为知识转移能力包括知识传送能力和知识吸收能力[183]。Hamel 认为,知识传递能力、接受能力、学习意图或动机共同构成知识转移的能力[184]。Schlegelmilch 和 Ambos 将知识转移能力分为转移渠道、知识基础设施和知识过程能力[185]。岳翠霞和吉久名基于知识转移的流程,认为知识转移能力包含五个方面:知识发送方、知识本身、知识转移方式、知识转移情境、知识接受方[186]。吴碧蓉从影响知识转移能力的因素出发,即知识输出能力、知识吸收能力、双方的交互能力,构建知识转移能力评价指标[187]。何永清和张庆普将知识吸收能力分为知识获取能力、知识消化能力、知识转化能力、知识利用能力和知识清除能力五个维度,构建了企业吸收能力的评价指标体系[188]。徐晓钰和李玲从企业信息化项目涉及的三大主体,构建包含企业的知识转移能力、软件供应商的知识转移能力、咨询公司的知识转移能力的信息化过程中知识转移能力评估指标体系[189]。尤天慧和李飞飞将组织内部知识转移能力归结为组织知识的传送能力、知识的接受能力、双方的交互能力和支撑能力四个方面[69]。杨东红等人以知识转移主体和客体两个要素为依据,构建企业知识转移能力指标体系[190]。刘昂等人将所转移的知识分为市场类知识、管理类知识、技术类知识,通过熵权—模糊综合评价法对企业并购过程中的知识整合效果进行评价[191]。

本书主要借鉴以往的研究成果,结合本书所做的研究和中国企业跨国并购过程中的逆向知识转移特殊性,构建中国企业跨国并购逆向知识转移能力指标体系。

5.2　逆向知识转移能力初始评价指标体系构建与筛选

5.2.1　初始指标体系的建立

前面对逆向知识转移能力的构成要素进行了详细分析与介绍。借鉴国内外相关专家学者和研究机构对各种知识转移能力的测量内容与指标[69,183-191]，在知识转移能力评价研究以及实证中，存在共性的能力指标有知识传递能力、接受能力、学习意图、支撑能力、转移渠道等主要因素；针对逆向知识转移能力评价进一步细化的指标则主要有传输与接受方意愿、知识沟通编码能力、知识识别与认知能力、知识接受能力、内部文件、轮岗、员工培训计划、跨部门团队、知识距离、企业文化、情感距离、组织支撑能力等；主要的分析方式多是基于知识转移参与主体进行分析，包括传输方、接收方、渠道、情景因素等，进而根据所分析转移特征，各有侧重地进行补充。

通过第 2 章的逆向知识转移能力的内涵与构成要素分析、第 3 章逆向知识转移能力形成机理分析以及第 4 章逆向知识转移的作用机制与仿真分析，根据上述梳理的共性能力因素，对上述细化能力指标进行全面梳理，系统性划分归属一级指标；对一些具有特殊情景的能力剔除或是合并，如知识转化、利用、再创新能力合并为挖掘能力；对各指标进行清晰界定，使各指标体系既能系统、完整地评价转移能力，又简明、清晰。此外，考虑到逆向知识转移过程的特征，对知识内容、知识传输渠道以及情景因素等方面进行了补充，重点添加了知识内容方面能力指标，如知识透明程度、知识复杂性、知识模糊程度；电子信息技术及平台等信息技术发展带来的沟通方式变更；重视个人或非正式群体沟通；在情景控制方面考虑了跨国逆向并购的物理距离所带来的传输影响（图 5.1）。

母公司吸收能力二级指标，包含以下三级指标：学习意愿、知识接受能力、知识挖掘能力和知识价值。①母公司学习意愿：中国母公司跨国并购的目的是学习并获取当地先进的知识和技术，因此会对海外子公司所获取和创造的知识给予重视，并对子公司拥有的知识评价较高，从而拥有较高的学习意愿。②母公司知识接受能力：中国母公司的知识接受能力是促进知识整合创新的主要因素之一，中国企业在其后发的工业化过程中，通过对外的逆向知识转移、技术引进、

中国企业跨国并购逆向知识转移能力评价体系

- 母公司吸收能力
  - 知识价值
  - 学习意愿
  - 知识接受能力
  - 知识挖掘能力
- 子公司传授能力
  - 知识转移意愿
  - 知识透明程度
  - 知识识别与认知能力
  - 知识沟通编码能力
  - 自主权
  - 战略重要性
- 知识传输渠道丰富性与选择能力
  - 内部文件交换
  - 电子信息技术及平台
  - 员工培训计划
  - 工作轮岗
  - 跨部门团队
  - 基于个人或非正式群体的沟通
- 知识内容特性
  - 知识复杂性
  - 知识模糊程度
  - 知识距离
  - 知识相关性
- 情景控制能力
  - 企业文化
  - 情感距离
  - 物理距离
  - 组织支撑能力

图 5.1 中国企业跨国并购逆向知识转移能力评价体系

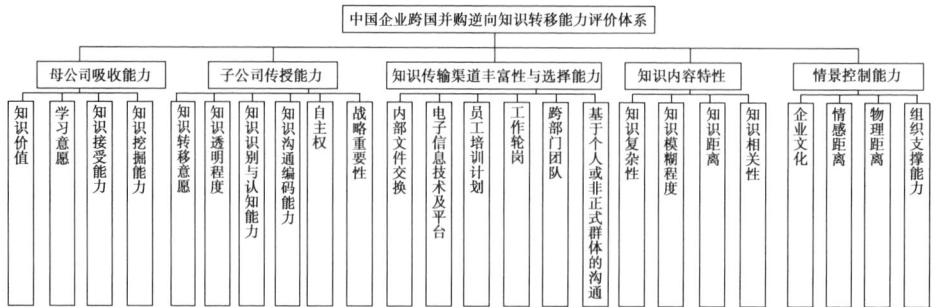

FDI 等方式来实现对发达国家的技术追赶,即引进、消化、吸收,从模仿到创新。③知识挖掘能力:知识挖掘能力是指中国母公司对东道国目标企业的知识源进行搜索、筛选、识别并且自身的知识体系进行匹配的能力,这也是跨国并购的先决条件。④知识价值:知识价值是指母公司所吸收的实际有意义的价值。

子公司传授能力二级指标,包含以下三级指标:知识转移意愿、知识透明程度、知识识别与认知能力、知识沟通编码能力、自主权和战略重要性。①知识转移意愿主要包含子公司的转移担忧和子公司的知识价值。②知识透明程度是指子公司愿意将其拥有的知识公开的程度,子公司对母公司知识开放的程度越高,转移的知识量越大,转移的质量越高。③子公司知识识别与认知能力包含两个方面:一方面,子公司能识别东道国的先进知识和自身所拥有知识价值、知识水平和结构等;另一方面,子公司能有效地识别出母公司所需要的知识。④知识沟通编码能力是指子公司能否完整清晰地以恰当的方式将要提供的知识表达出来。⑤自主权是指子公司在知识转移过程中拥有的权限。⑥战略重要性是指子公司对逆向知识转移的重视程度。

知识传输渠道丰富性与选择能力二级指标,包含以下三级指标:内部文件交换、电子信息技术及平台、员工培训计划、工作轮岗、跨部门团队、基于个人或非正式群体的沟通。

知识内容特性二级指标,包含以下三级指标:知识复杂性、知识模糊程度、知识距离和知识相关性。①知识复杂性:子公司所拥有的知识往往不仅仅涉及单一的人员或者部门,更多的是多个人员和部门之间共同协作所产生的知识,且子公司知识的产生针对的是某些特定区域、特定的生产过程或者特定的服务群体而使知识只能用在这些方面,因此此类知识从产生起就具备了复杂性的特征。②知识模糊程度:子公司的知识具有内隐性特征,很难通过系统的、准确的语言和文字明确表达出来,而是根植于个人头脑和组织记忆当中,必须通过学习实践活动方能获得。③知识距离:母子公司直接的知识距离是影响知识转移的重要因素之一,知识距离决定了子公司的知识价值。④知识相关性:知识相关性是指母子公司所拥有的知识是否具有关联性。

情景控制能力二级指标,包含以下三级指标:企业文化、情感距离、物理距离、组织支撑能力。①企业文化是在一定条件下,母子公司生产经营和管理活动中,由其价值观、信念、仪式、符号、处事方式等所创造的具有特色的精神财富和物质形态;母子公司间的企业文化越相似,子公司越愿意传授其知识,且母公司越容易接收新知识,进而促进逆向知识转移的进程。②情感距离是指母公司与子公司关系密切、稳固与互相信任的程度,对逆向知识转移,尤其是隐性知识的逆向转移会产生重要影响。③物理距离主要体现在母子公司间进行交流的难易程度、含有子公司知识的文件、样本等转移到母公司所需的时间和花费的成本。④组织支撑能力主要体现在组织情境、激励机制、界面管理能力和知识转移技术等方面。

5.2.2 指标体系的筛选方法及筛选过程

考虑到逆向知识转移初步设计的指标涵盖范围可能较大,指标之间可能存在交叉和重叠的问题,为了指标体系具有合理性和科学性,在此进一步采用社会网络分析法,在充分问卷调查的前提下,根据调查表的最终结果,选择社会网络分析法中的程度中心性对指标体系进行筛选,并对评价指标体系进行修改、完善和调整,以期保障中国企业跨国并购逆向知识转移能力评价指标体系更为科学,更具可靠性。

1.社会网络分析法

社会网络分析(SNA)是 20 世纪 70 年代以来在社会学、心理学、人类学、数学、通信科学等领域逐步发展起来的一个研究分支。社会网络分析不仅仅是一种工具,更是一种关系论的思维方式。社会网络分析是对行动者之间的关系状况进行分析,找寻关系具有的特征以及关系对行动者产生的影响,它是为了适应研究社会结构和社会关系需要而发展起来的一种分析方法。

近些年国内学者已经把此法应用在很多研究领域。如国内情报学界一些学者利用社会网络分析方法,在竞争情报、知识管理、图书馆资源配置、学科热点、引文分析、科研人员合著、网络链接、博客网络等方面展开了一系列研究。在知识管理和组织学习研究中,对隐性知识管理和组织学习过程的关注,成为管理学界和教育学界应用社会网络分析的主要动机,知识地图、可视化、相关性语义网络甚至概念地图研究的兴起都与社会网络分析的基本理念密不可分。社会网络是在组织行为、心理学和通信领域,集中研究网络结构中代表个体的结点及其动态关联的动态网络数学模型,是一种创建团队和组织内知识传递和维护的重要资源。个体同时参加一定数量的社会网络,并通过交流关联和个人知识、技能的相似性与关联性构成知识网络。

社会网络分析的理论前提是元素之间一定存在着关联。社会网络中心性主要是对行为者在网络中的位置进行评价,从而得出一个节点的中心性,而中心性就决定了节点在网络中的权利和地位,包含度中心性、中介中心性以及接近中心性三个主要衡量指标。社会网络分析包含了图示法、矩阵法等多种方法。

度中心性主要是用来衡量群体中最主要的中心人物,程度中心性越高者,表示其在网络中和较多的行动者有关联,且拥有较高中心性的行动者,在网络中拥有的非正式权力和影响力也较多。

中介中心性是由美国社会学家 Freeman 教授提出来的一个概念,它测量的是一个点在多大程度上位于图中其他"点对"的"中间"。他认为,如果一个行动者处于多对行动者之间,那么他的度数一般较低,这个相对来说度数比较低的点可能起到重要的"中介"作用,因而处于网络的中心,根据这个思路就可以测量点的中间中心性。

接近中心性的思想是结点越趋于中心,它们越能快速地到达其他的结点。更形式化的描述,这些结点满足与其他结点之间有最小的平均最短路径。接近中心性则能够衡量出社会网络的全局中心性,并以此判断一个节点和其他节点之间的接近程度,与其他节点距离越短,接近中心性越高,表示其能较快速获得知识。

本书借鉴学者王一飞在中小企业知识转移能力评价指标体系中应用社会网络分析的经验[110],通过构建其网络分析矩阵,运用程度中心性对中国企业跨国并购逆向知识转移评价指标进行筛选。

2. 筛选过程

为了保证调查对象取样的合理性,在样本企业选择上遵循以下三个原则:①样本代表性:样本企业的选取并不是随机的,而是根据研究的目的来选取的,在企业性质上必须是跨国公司,即在自身母国之外并购有相关职能的子公司。②构思关联性:根据前面的理论构思,选择与研究问题密切相关的企业,被选取的跨国公司内部具有一定数量的知识转移活动。③取样可行性:由于不可避免地存在数据可得性和可靠性方面的问题,要求被选取的跨国子公司至少被并购超过一年,以确保积累一定的知识和经验,并愿意配合我们的数据收集工作。

本书所采用的问卷和量表是在参考相关文献的基础上,结合中国企业跨国并购背景的现实情况对问卷的内容进行了一定的调整下确定的。为了保证调查取样的合理性和可靠性,作者邀请了五位专家和教授对问卷各条目进行评判,然后邀请了 25 名来自多家跨国企业的部门主管进行预填写,并就问卷内容中的语义和用词等进行修改,最终确定正式的调查问卷。问卷的发放主要依靠中国商务部官方网站上提供的《境外投资企业(机构)名录》,从中随机抽取了 403 家实施跨国并购的中国企业,寻找这些目标公司的合适联系人,通过电话和邮件与联系人进行沟通,告知本问卷的主题和目的,以及问卷填写人必须是了解逆向知识转移情况的主要负责人,得到同意后邮送问卷。最后,发出问卷 366 份,回收 210份,问卷回收后对所有问卷进行审核,对填写海外子公司不是被并购来的、子公司不是位于发达国家的、子公司员工数少于 10 人的、存在关键漏项以及有明显逻辑错误的问卷进行剔除,最终得到有效问卷 179 份,有效回收率为 49%。

根据问卷调查的结果建立网络分析矩阵。矩阵中的各行代表评价者,矩阵中的各列是由初步评价指标构成,矩阵中的各个值描述的是评价者对指标的评价值,完全同意为 1,完全反对为 5,将调查结果借助于社会网络分析软件Ucinet6.0 中的 NetDrew 功能进行绘图(图 5.2),圆点代表的是测评人员,方块表示评价指标体系。

利用 Ucinet6.0 进行程度中心性的分析。整个网络的描述性统计以及程度中心性特征,分布见表 5.1、表 5.2。

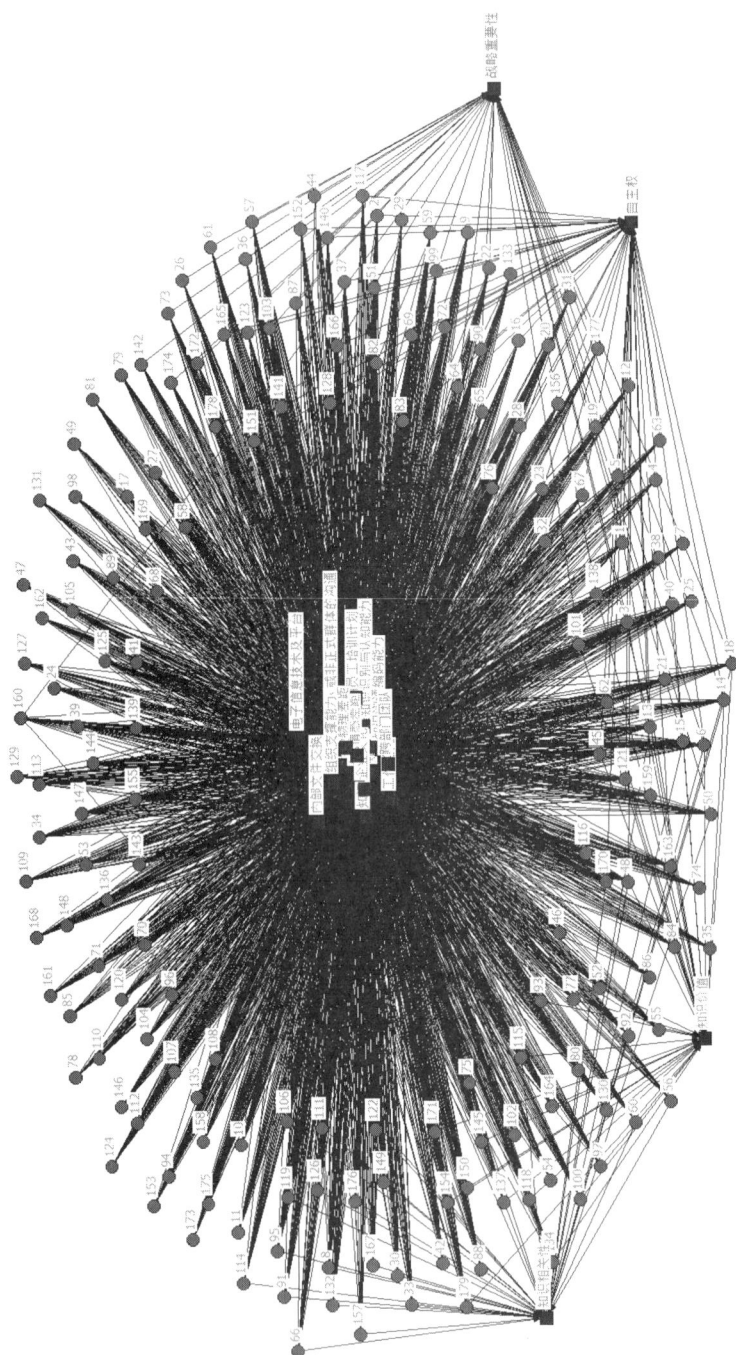

图5.2　程度中心性分析

表 5.1　指标体系的程度中心性特征（$N=179$）

三级指标体系	绝对点度中心度	相对点度中心度	所占比率
知识接受能力	175	82.938	0.026
知识转移意愿	174	82.464	0.026
知识透明程度	174	82.464	0.026
知识距离	173	81.991	0.026
情感距离	172	81.517	0.026
学习意愿	172	81.517	0.026
物理距离	171	81.043	0.026
企业文化	171	81.043	0.026
知识挖掘能力	169	80.095	0.025
知识识别与认知能力	167	79.147	0.025
组织支撑能力	167	79.147	0.025
知识沟通编码能力	162	76.777	0.024
知识复杂性	161	76.303	0.024
知识模糊程度	159	75.355	0.024
基于个人或非正式群体的沟通	148	70.142	0.022
电子信息技术及平台	139	65.877	0.021
员工培训计划	137	64.929	0.020
跨部门团队	136	64.455	0.020
内部文件交换	133	63.033	0.020
工作轮岗	133	63.033	0.020
自主权	43	20.379	0.006
知识相关性	38	18.009	0.006
战略重要性	34	16.114	0.005
知识价值	34	16.114	0.005

表 5.2　指标体系的描述性统计（$N=179$）

	绝对点度中心度	相对点度中心度	所占比率
MEAN	31.528	14.942	0.005
STD DEV	41.897	19.857	0.006
SUM	6 684.000	3 167.772	1.000
VARIANCE	1 755.381	394.282	0.000
SSQ	582 876.00	130 921.586	0.013
MCSSQ	372 140.844	83 587.711	0.008
EUC NORM	763.463	361.831	0.114
MIN	13.000	0	0.000
MAX	175.000	82.938	0.026
Network Centralization = 72.91%			
Heterogeneity = 1.40%　　Normalized = 0.90%			

从表5.1、表5.2中可以看出,从指标体系描述性统计来看,除自主权、知识相关性、战略重要性、知识价值指标外,其他三级评价指标均远远高于整个网络的平均值(31.528),从NetDraw图5.1显示以及指标体系的度中心性特征分析表5.1,跨部门团队、内部文件交换、工作轮岗绝对中心度、相对中心度略低于其他指标;但总体来看并不明显。而自主权、知识相关性、战略重要性、知识价值无论是从NetDraw图还是特征分析表来看,均难以满足要求。

因而,上述各项指标经社会网络分析后,剔除自主权、知识相关性、战略重要性、知识价值这四个指标。

5.3　筛选后的指标体系及指标分析

根据社会网络分析法的分析结果,原各项指标均可保留,中国企业跨国并购逆向知识转移能力指标体系见表5.3。

表5.3　中国企业跨国并购逆向知识转移能力指标体系

一级指标	二级指标	三级指标	指标说明
中国企业跨国并购逆向知识转移能力	母公司吸收能力 C_1	学习意愿 C_{11}	母公司将知识转移当作学习新技能的机会而不是获得子公司资产的倾向
		知识接受能力 C_{12}	理解知识发送方传授知识的数量和质量
		知识挖掘能力 C_{13}	母公司参与知识转移的主动性和从子公司那里深度获取知识的能力
	子公司传授能力 C_2	知识转移意愿 C_{21}	子公司传递自己拥有的知识的意愿
		知识透明程度 C_{22}	子公司愿意将其拥有的知识公开的程度,影响转移知识的数量和质量
		知识识别与认知能力 C_{23}	子公司识别所拥有的知识,以及知识的水平和结构等,有效识别出母公司所需要的知识

一级指标	二级指标	三级指标	指标说明
中国企业跨国并购逆向知识转移能力		知识沟通编码能力 C_{24}	子公司能否完整清晰地以恰当的方式将要提供的知识表达出来
	知识传输渠道丰富性与选择能力 C_3	内部文件交换 C_{31}	内部工作文件及相关手册交换
		电子信息技术及平台 C_{32}	基于内部网络或互联网的交流平台
		员工培训计划 C_{33}	有完整的培训计划并加以贯彻
		工作轮岗 C_{34}	有轮岗制度并得以实施
		跨部门团队 C_{35}	母子公司经常性组建跨部门的团队
		基于个人或非正式群体的沟通 C_{36}	非正式交流通畅
	知识内容特性 C_4	知识复杂性 C_{41}	转移知识复杂程度
		知识模糊程度 C_{42}	显性知识、隐性知识
		知识距离 C_{43}	母子公司所拥有的知识的相似程度
	情景控制能力 C_5	企业文化 C_{51}	企业文化是积极进取、鼓励学习创新,允许创造性失误时,会更容易接收新知识,促进知识转移
		情感距离 C_{52}	母子公司关系的密切程度
		物理距离 C_{53}	进行面对面交流的难易程度、所需时间和花费成本的多少
		组织支撑能力 C_{54}	组织的支撑能力主要体现在组织情境、激励机制、界面管理能力和知识转移技术等方面

5.4 评价模型的构建

5.4.1 基于熵权、AHP 的三角模糊数—TOPSIS 评价模型

随着知识转移理论的完善,对知识转移能力的评价也得到国内外专家学者的高度重视,评价手段和方法多种多样,综合起来运用比较多的是因子分析法、蒙特卡洛模拟法、数据包络分析法、灰色关联度法、可拓评估法、模糊综合评价法、德尔菲法、人工神经网络评价法等,以上评价方法各有优点,但也存在着一定的缺陷。如因子分析法虽然对影响因素指标体系分析较为全面,但在指标之间关联度分析方面存在缺陷;人工神经网络评价法对创新绩效的纵向能力分析较为科学,但需要较多的历史数据进行模型训练。基于以上因素,本书选择了基于熵权、AHP 的三角模糊数—TOPSIS 评价模型。

1. 三角模糊数

三角模糊数是为了解决不确定环境下的问题,由 Zadeh 在 1965 年提出 Dev 模糊集的概念。若 $a=[a_L \ a_M \ a_U]$,其中,$0 \leqslant a_L \leqslant a_M \leqslant a_U$ 支撑的下界和上界,而 a_M 为 a 的中值(最可能值),称 a 为一个三角模糊数。

根据三角模糊数的概念可以看出,三角模糊数具有很强的区间性,因此本书主要运用的是三角模糊数进行专家打分,因为专家本身有很多,同时每个专家的意见不尽相同,所以对指标的属性打的分值会有一个上下限值,刚好符合三角模糊数的概念,因此用三角模糊数打分,会使分值更加确切地反映意见的本身,具有可靠性。

同时这里对三角相似度的介绍主要是作为后面计算专家之间意见的相似程度做铺垫。一般来说,用以度量被评价对象性能的各种评价指标都具有一定的模糊性。语言型模糊评价采用带语言变量的评价值来度量指标性能,这些语言评价值取值于用户定义的语言值评价集合。三角模糊数是将模糊的不确定的语言变量转化为确定数值的一种方法,将三角模糊数用在评价方法中能很好地解决被评价对象性能无法准确度量而只能用自然语言进行模糊评价的矛盾。

2. 层次分析法(AHP)

层次分析法是一种综合网络系统理论和多目标综合评价方法的层次权重决

策分析法,把研究对象作为一个系统,按照分解、比较判断、综合的思维方式进行决策,系统的思想在于不割断各个因素对结果的影响,而层次分析法中每一层的权重设置最后都会直接或间接影响到结果,而且在每个层次中的每个因素对结果的影响程度都是量化的,非常清晰、明确。层次分析法更好地适应了逆向知识转移能力复杂性的特点。

3. 熵权法

熵是一个热力学中的基本概念,熵在信息论中表征的是信息系统无序程度,即可以表明一个系统从无序到有序的状态过程,以及根据熵值的大小判断处于哪种状态,也就是熵越小表明变异程度越大。

根据熵的特性,可以通过计算熵值来判断一个事件的随机性及无序程度,也可以用熵值来判断某个指标的离散程度,指标的离散程度越大,该指标对综合评价的影响(权重)越大。比如样本数据在某指标下取值都相等,则该指标对总体评价的影响为0,权值为0。熵权法是一种客观赋权法,因为它仅依赖于数据本身的离散性。

4. TOPSIS 法

TOPSIS 的全称是"逼近于理想值的排序方法"(Technique for Order Preference by Similarity to Ideal Solution),是 Hwang 和 Yoon 于1981年提出的一种适用于根据多项指标对多个方案进行比较选择的分析方法。这种方法的中心思想在于首先确定各项指标的正理想值和负理想值,所谓正理想解是一设想的最好值(方案),它的各个属性值都达到各候选方案中最好的值,而负理想解是另一设想的最坏值(方案),然后求出各个方案与理想值、负理想值之间的加权欧氏距离,由此得出各个方案与最优方案的接近程度,并将其作为评价方案优劣的标准。

TOPSIS 法是有限方案多目标决策的综合评价方法之一,它对原始数据进行同趋势和归一化的处理后,消除了不同指标量纲的影响,并能充分利用原始数据的信息,所以能充分反映各方案之间的差距,客观真实地反映实际情况,具有真实、直观、可靠的优点,而且其对样本资料无特殊要求,故应用日趋广泛。

5.4.2 评价模型的优势分析

本书选用熵权、AHP 的三角模糊数—TOPSIS 评价模型的主要原因有:

（1）TOPSIS 属于多属性决策方法的一种，而本书所研究的中国企业跨国并购逆向知识转移能力评价本身就是一个多属性比选。所以在范围隶属上，没有超出范围。

（2）TOPSIS 对样本资料无特殊要求，并且能够较充分地利用原始数据，与实际情况较为吻合。

（3）TOPSIS 理论适合进行方案比选，但是在知识转移能力评价的应用案例较少。

（4）并购逆向知识转移能力评价属于不确定问题，带有模糊性，因此确定初始的属性评价值时，运用的是三角模糊专家调查法相结合的方法，这样可以使属性评价值更加真实广泛。

（5）在对属性值进行计算的过程中，考虑到了每个专家的权威以及专家群体共同的意见，也就是既尊重了专家各自的权威性，又注重了群体的共同性。

（6）权重的确定方法比较多，常见的方法一般都是仅从专家经验或客观数据得到指标权重，存在一定的缺陷，本书在此将主观赋权法和客观赋权法结合起来，通过利用指标熵和 AHP 来确定指标的综合权重，使得出的结果更为客观和公正。

本方法仍存在以下局限性：三角模糊数、AHP 以及熵权由于指标为定性，因此不可避免地带有主观判断；为保障三角模糊数以及 AHP 权重计算科学性，特邀请知识转移领域专家进行评价。

5.5 中国企业跨国并购逆向知识转移能力评价模型的评价过程

假设参与跨国并购逆向知识转移能力评价的中国企业集合为 $S=\{S_1,S_2,S_3,\cdots,S_m\}$，参与评价的专家集合为 $D=\{D_1,D_2,D_3,\cdots,D_m\}$，评价指标集为 $C=\{C_1,C_2,C_3,\cdots,C_n\}$。

第一步，集结各专家的评价结果建立模糊评价矩阵（表5.4）。

表 5.4 模糊评价矩阵

评语	十分差	差	较差	一般	较好	好	十分好
三角模糊数	(0,0,0.1)	(0,0.1,0.3)	(0.1,0.3,0.5)	(0.3,0.5,0.7)	(0.5,0.7,0.9)	(0.7,0.9,1.0)	(0.9,1.0,1.0)

首先,每位专家根据评价信息表(如表)的评价信息给出各自对不同企业在不同指标下的评价矩阵,其中第 i 位专家的评价矩阵表示为

$$\widetilde{X}^{(k)} = \left[\widetilde{X}_{ij}^{(k)} \right]_{m \times n} \quad (k = 1, 2, \cdots, L)$$

其中,$\widetilde{X}_{ij}^{(k)}$ 表示第 k 个专家以自然语言变量形式给出的第 i 个企业关于第 j 个指标的模糊评价值,用三角模糊数可以表示为

$$\widetilde{X}_{ij}^{(k)} = (a_{ij}^{(k)}, b_{ij}^{(k)}, c_{ij}^{(k)}) \tag{5.1}$$

不失一般性地假设每位专家的重要性相同,则群体决策的评价矩阵可以用下面的方法得到

$$\widetilde{X}_{ij}^{(k)} = \frac{1}{1} \otimes (\widetilde{X}_{ij}^{(1)} \oplus \widetilde{X}_{ij}^{(2)} \wedge \oplus \widetilde{X}_{ij}^{(D)}) = (a_{ij}, b_{ij}, c_{ij}) \tag{5.2}$$

式中,符号 $\otimes$ 和 $\oplus$ 分别表示模糊数乘法和加法运算,且各三角模糊参数可以由以下式子得到

$$a_{ij} = \frac{1}{1} \sum_{k=1}^{1} a_{ij}^{(k)}, b_{ij} = \frac{1}{1} \sum_{k=1}^{1} b_{ij}^{(k)}, c_{ij} = \frac{1}{1} \sum_{k=1}^{1} c_{ij}^{(k)} \tag{5.3}$$

第二步,在梯形模糊数 $\widetilde{F} = (a, b, c, d)$ 情况下,其非模糊价值量 F 记为 $D(\widetilde{F})$,且

$$F = D(\widetilde{F}) = (a + b + c + d) \tag{5.4}$$

对于三角模糊数 $\widetilde{F} = (1, m, n)$,可以看成是梯形模糊数的一种特例表示为

$$\widetilde{F} = (1, m, m, n)$$

从而可以将其表示为

$$F = D(\widetilde{F}) = \frac{1 + m + m + n}{4} = \frac{1 + 2m + n}{4}$$

由此可得

$$X_{ij} = D(\widetilde{X}_{ij}) = \frac{a_{ij} + 2b_{ij} + c_{ij}}{4} \tag{5.5}$$

第三步,对评价矩阵进行无量纲化处理。

上一步所得到的 X_{ij} 表示企业 i 在指标 j 下的评价值。所有 X_{ij} 组成决策矩阵 X,即

$$X = (X_{ij})_{m \times n}$$

对决策矩阵 X 中的元素按下面的方法进行无量纲化处理：

$$r_{ij} = \frac{X_{ij}}{\sqrt{\sum\limits_{i=1}^{n} X_{ij}^{2}}}$$

第四步，利用熵权法确定各评价指标的客观权重，利用 AHP 法确定各评价指标的主观权重，最后计算综合权重并计算加权标准化决策矩阵。

（1）利用熵权法确定指标权重

熵是系统的态函数，是对系统不确定性的一种度量，系统越稳定熵值越大，当系统处于 n 种不同状态，每种状态出现的概率为 $p_i(i = 1,2,3,\cdots,n)$ 时，评价该系统的熵为 $E = -\sum\limits_{i=1}^{n} p_i \ln p_i$。其中 p_i 满足 $0 \leqslant p_i \leqslant 1$，$\sum\limits_{i=1}^{n} p = 1$。

确定熵权的具体步骤如下：

①由第三步的无量纲化后的决策矩阵求出各指标的最优值 r_j^*。

对于效益型指标而言是越大越好，因此 $r_j^* = \max(r_{ij})$，而对于成本型指标而言是越小越好，因此 $r_j^* = \min(r_{ij})$。

②计算每个企业的各指标与最优值之间的接近度：

记 r_{ij} 与 r_j^* 的接近度为 $D = \begin{cases} \dfrac{r_{ij}}{r_j^*}, & r_j^* = \max(r_{ij}) \\[3mm] \dfrac{r_j^*}{r_{ij}}, & r_j^* = \min(r_{ij}) \end{cases}$

③对 D_{ij} 进行归一化处理，计算各指标熵值。记

$$d_{ij} = \frac{D_{ij}}{\sum\limits_{i=1}^{m} \sum\limits_{j=1}^{n} D_{ij}}$$

则第 j 个评价指标的熵值为

$$E_j = -\sum\limits_{i=1}^{m} \frac{d_{ij}}{d_j} \ln \frac{d_{ij}}{d_j}$$

其中

$$d_j = \sum\limits_{i=1}^{m} d_{ij} \quad (j = 1,2,\cdots,n)$$

④通过熵值确定各指标的熵权，即客观权重。可以看出，企业各指标与最优

值之间的差距越小,则指标 j 的熵值 E_j 越大。一般决策者对指标的差异程度有两种完全不同的观点,一种认为差异度越小的指标越重要,另一种则认为差异度越大的指标越重要。本书假设差异度越大的指标越重要,则对熵值 E_j 按下面的方法进行归一化处理,得到各指标的客观权重:

$$\theta_j = \frac{1 - e_j}{n - \sum\limits_{j=1}^{n} e_j} \tag{5.6}$$

其中, $e_j = \frac{1}{\ln n} E_j, 0 \leqslant \theta_j \leqslant 1, \sum\limits_{j=1}^{n} \theta_j = 1$。

由于 θ_j 是由各企业各指标的评价值计算得到的,因此称为客观权重。为了使权重能够更全面准确地反映指标的重要性,需要考虑专家的主观因素和经验判断力,因此,将客观权重与专家给出的各指标的主观权重相结合,确定各指标的最终权重。

设专家给出的主观权重为 $\omega = \{\omega_j\} (j = 1, 2, \cdots, n)$,则方法如下:

$$\lambda_j = \frac{\theta_j \omega_j}{\sum\limits_{j=1}^{n} \theta_j \omega_j} \tag{5.7}$$

权重的确定方法比较多,主观赋权法有专家调查法、层次分析法、二项系数法、环比评分法等;客观赋权法有主成分分析法、熵值法等;转移能力评价当中常见的分析方法有专家调查法、层次分析法、熵权法。专家调查法、层次分析法作为主观分析法,主要通过专家结合实际经验进行权重安排,一般会保障属性权重和属性实际权重相一致,但是评价结果具有随意性,具有很大局限性。层次分析法虽较专家调查法有所改进,建立比较矩阵,使主观赋权更具层次和合理性,但是仍然摆脱不了主观随意性。客观赋权法主要依据原始数据进行权重的确定,熵权法就是通过原始数据的处理,得出相关权重;但在多属性决策中,最重要的属性往往差异性较小,反而不重要的属性值具有较大的差异。因而,主客观结合方式能够综合主观赋权上实际经验的优势,也能充分利用原始数据的客观性,使权重计算较为真实、可靠,既能尊重客观事实,也能避免随意性。本书采用乘积法进行主客观综合赋权。

(2)计算加权标准化决策矩阵

$$V = (V_{ij})_{m \times n} = (\lambda_j r_{ij})_{m \times n} \tag{5.8}$$

式中 λ_j——指标 j 的权重;

r_{ij}——无量纲化后的评价矩阵的元素。

第五步,确定正理想点和负理想点。正理想点是由每个指标中的最优值所组成的理想中的一个点,而负理想点是由各指标中的最差值所组成的一个点,对于效益型指标而言,最优值为最大值。而对于成本性指标而言,最优值为最小值。设 V^+ 为正理想点,V^- 为负理想点。

$$V^+ = \left\{ (\max V_{ij} | j \in J), (\max V_{ij} | j \in J'), i = 1, 2 \cdots, m \right\} = V_1^+, V_2^+, \cdots, V_n^+$$
(5.9)

$$V^- = \left\{ (\min V_{ij} | j \in J), (\min V_{ij} | j \in J'), i = 1, 2 \cdots, m \right\} = V_1^-, V_2^-, \cdots, V_n^-$$
(5.10)

式中　J——效益型指标集;

　　　J'——成本型指标集。

第六步,计算各企业与正、负理想点之间的距离。

$$S_i^+ = \sqrt{\sum_{j=1}^{n} (V_{ij} - V_j^+)^2} \quad (i = 1, 2, 3, \cdots, m)$$

$$S_i^- = \sqrt{\sum_{j=1}^{n} (V_{ij} - V_j^-)^2} \quad (i = 1, 2, 3, \cdots, m)$$

第七步,计算各企业的相对贴近度,并对各企业并购逆向知识转移能力进行排序。

$$C_i = \frac{S_i^-}{S_i^+ + S_i^-}$$
(5.11)

其中,C_i 越大,逆向知识转移能力越强。最后,根据各企业的相对贴近度对各参与评价的企业排序。

5.6　本章小结

　　本章通过梳理以往学者关于知识转移能力、逆向知识转移能力的相关研究,结合中国企业跨国并购逆向知识转移的特征,构建初始的中国企业跨国并购逆向知识转移能力指标体系。随后,通过应用社会网络分析法,在对相关研究人员大量问卷调查数据的基础上,应用 Ucinet6.0 软件实现网络度中心性分析,分析结果显示各项评价指标均远远高于均值;各指标相对、绝对中心度无明显差距。最终,通过文献分析和社会网络分析法相结合,构建相对全面、客观的中国企业跨国并购逆向知识转移能力指标体系。

第 *6* 章

中国企业跨国并购逆向知识转移能力实证研究

C H A P T E R

本章将对基于熵权、AHP 的三角模糊数—TOPSIS 评价模型的逆向知识转移能力指标体系进行实证分析,如前文所述,中国企业跨国并购发达国家企业逆向知识转移过程中,有来自中国母公司的逆向知识转移能力障碍、来自子公司的逆向知识转移能力障碍以及母子公司之间的情景转移障碍等,哪些能力的不足阻碍了逆向知识转移以及如何提升能力来克服障碍是中国企业亟待解决的难题。

6.1 并购样本

6.1.1 联想并购 IBM PC 业务

2000 年,联想由原来集中于电脑业务开始向计算机相关产品延伸,实施相关多元化战略,其业务组合拓展为三个,即互联网、IT 服务和手机业务。随着联想产品多元化,为重新整合产品组合和业务类别,联想在 2004 年又将业务整合为三类:A 类业务即信息产品业务群,包括家用电子产品、商用电脑和笔记本等;B 类业务即联想移动业务群,包括掌上电脑和手机等;C 类业务即 IT 业务,包括咨询、应用软件的开发与集成、运营维护、外包和培训等专业服务项目。

由于对高增长和多元化的过分追求与有限的资源能力,再加上员工对战略的接受度和执行效果不如预期,联想的多元化战略绩效不尽如人意。因此 2004 年联想再次进行战略调整,通过战略收缩将资源集中于 PC 业务。为了在 PC 业务上专业化发展并提升国际竞争实力,联想在 2004 年 12 月 8 日宣布以 12.5 亿美元收购 IBM 全球 PC 业务。事实上,早在 2001 年,IBM 公司就正式聘请美林证券公司在全球范围内寻找买家。2003 年 10 月左右,美林将联想排到了目标收购者的第一位。2003 年底,联想开始进行细致调查,并聘请了诸多专业公司协助谈判,如聘请麦肯锡作为战略顾问,全面了解 IBM PC 业务的整合可能,聘请昌盛作为并购顾问,安永、普华永道作为财务顾问,奥美公司作为公关顾问等。虽然联想付出了高昂的中介费用,但是这些中介机构为联想并购成功创造了条件。从并购价格的议定到规避政治化责问,从融资渠道拓展到吸引战略投资,所有并购关键问题的处理都体现了中介机构的经验智慧。虽然联想并购 IBM PC 业务代价不菲,但对联想国际地位提升却意义深远。2009 年 10 月,IDC 和 Gattner 发布的全球第三季度 PC 市场报告,报告指出联想 PC 业务的增速在当年首次达到了两位数,为 18.2%,成为增长率仅次于宏碁的 PC 厂商。由此足以看出联想并购 IBM 业务对其市场份额带来的直接收益。当然,与预期相比,这项空前的并购也为联想带来了许多挑战与难题。首先是跨文化管理和全球业务整合。中美文化差异在并购后的人员整合中表现尤为明显,联想采取折中方案,在中国深圳和美国纽约分别设立总部,原 PC 业务还是由美国总部管理。这样虽然能暂时缓解文化冲突,但与联想原本整合 PC 业务的全球化初衷仍存在差异。其次是联想希望借助跨国并购改进生产工艺、提升自身 PC 业务的知识与管理水平,进而增强自身的知识创新能力。

6.1.2　联想并购摩托罗拉

为了拓展个人手机业务,2014 年 1 月 29 日,联想拟收购谷歌持有的摩托罗拉移动控股公司 100% 的股权,交易金额为 29.1 亿美元,其中包括 6.6 亿美元的现金,以及 7.5 亿美元的联想普通股股份支付,而余下 15 亿美元则将以三年期本票支付。联想收购的全部资产包括:Moto X、Moto G、Droid 超级系列产品等智能手机产品组合,以及摩托罗拉移动品牌和商标组合,并且联想也将全面接管摩托罗拉移动的产品规划。

早在 2002 年,联想就在北京中华世纪坛召开过手机新品发布会,联想品牌手机也在发布会上亮相。这个时间不仅比如今国产手机的领头羊华为早一年,比小米更是早了足足 9 年。不过,联想的手机业务一直不温不火。虽然联想依靠运营商渠道,与华为、中兴、酷派一起组成了"中华酷联",成为国产手机品牌的代表,但十多年来卖了上亿部手机,联想却很少给消费者留下令人印象深刻的经典机型。2016 年下半年,联想集团几乎将移动业务全部押注在了 Moto Z 模块化手机上,联想在全球范围内进行大规模广告投放,需要投入不少资金。2017 年第四季度,联想移动业务的收入同比下跌 5% 至 20.76 亿美元;相比 2014 年第三季度联想移动业务最高超过 34 亿美元的营收,如今又已跌去近四成。2018 年,摩托罗拉品牌并没有被联想成功整合,在中国市场的没落尤为明显。

6.1.3 吉利并购沃尔沃

2010 年 3 月 28 日,吉利控股集团宣布与福特汽车签署最终股权收购协议,以 18 亿美元的代价获得沃尔沃轿车公司 100% 的股权以及包括知识产权在内的相关资产。作为中国汽车业最大规模的海外收购案,吉利上演了中国车企"蛇吞象"的完美大戏。

吉利收购沃尔沃后,除品牌形象有了大幅改观,在全球范围有了一定声量外,更重要的是技术储备。收购沃尔沃之初,吉利便派遣了数百名技术人员前往瑞典沃尔沃汽车工厂学习技术。2017 年,沃尔沃销量创下新的纪录,全球销量达到 571 577 辆;营业利润实现了创纪录的 141 亿瑞典克朗,折合人民币约 108 亿元(当年 3 月 1 日汇率),同比上涨 27.7%。营业额达到 2 109 亿瑞典克朗(折合人民币约 1 610 亿元),同比增长 16.6%;营业利润率达到 6.7%,超过 2016 年的 6.1%。2017 年度,吉利全年累计销量为 1 247 116 辆,较 2016 年同期增长约 63%,并超越本集团 2017 年经修订全年销量目标 1 100 000 辆,净利润比 2016 年的 51 亿元人民币大增 100%,超过 100 亿元人民币,市值顺利突破 2 000 亿元大关。

6.1.4 TCL 集团并购汤姆逊公司

2003 年 11 月 4 日,TCL 集团和法国汤姆逊公司正式签订协议,重组双方的彩电和 DVD 业务,组建全球最大的彩电供应企业——TCL 汤姆逊电子公司,即TTE。2004 年 7 月 29 日,在这个合资公司中,TCL 与法国汤姆逊共同出资 4.7 亿欧元,其中汤姆逊出资 1.551 亿欧元持有 33% 的股份,TCL 出资 3.149 亿欧元占 67% 的股份,绝对控股。这是我国企业第一次兼并世界 500 强企业。

并购不但没有给 TCL 带来欧美市场的机遇,反而给 TCL 带来了巨大的亏损包袱。收购汤姆逊后的 2005 年和 2006 年,TCL 集团遭受巨额亏损,股票戴上了 *ST 的"帽子"。由于欧洲业务持续亏损,TTE 欧洲公司也于 2007 年 4 月申请破产清算。

6.2 中国企业逆向知识转移能力评价实证分析

6.2.1 三角模糊评价矩阵

本书作者邀请了知识转移能力相关领域的五位专家学者,并由其进行调查、评价,然后按照表 5.4 评语与三角模糊数对应关系,转换为三角模糊评价矩阵。其中 LX2004 表示联想 2004 并购 IBM PC 业务逆向知识转移能力;LX2014 表示联想 2014 并购摩托罗拉逆向知识转移能力;JL 表示吉利并购沃尔沃逆向知识转移能力;TCL 表示 TCL 并购汤姆逊逆向知识转移能力(表 6.1—表 6.5)。

表 6.1　D1 专家学者评价结果

指标	LX2004	LX2014	JL	TCL
C_{11}	(0.9,1.0,1.0)	(0.5,0.7,0.9)	(0.9,1.0,1.0)	(0.7,0.9,1.0)
C_{12}	(0.7,0.9,1.0)	(0.3,0.5,0.7)	(0.7,0.9,1.0)	(0.5,0.7,0.9)
C_{13}	(0.7,0.9,1.0)	(0.3,0.5,0.7)	(0.7,0.9,1.0)	(0.3,0.5,0.7)
C_{21}	(0.5,0.7,0.9)	(0.5,0.7,0.9)	(0.7,0.9,1.0)	(0.1,0.3,0.5)
C_{22}	(0.5,0.7,0.9)	(0.3,0.5,0.7)	(0.7,0.9,1.0)	(0.1,0.3,0.5)
C_{23}	(0.7,0.9,1.0)	(0.3,0.5,0.7)	(0.7,0.9,1.0)	(0.5,0.7,0.9)
C_{24}	(0.7,0.9,1.0)	(0.5,0.7,0.9)	(0.7,0.9,1.0)	(0.5,0.7,0.9)
C_{31}	(0.7,0.9,1.0)	(0.7,0.9,1.0)	(0.7,0.9,1.0)	(0.7,0.9,1.0)
C_{32}	(0.3,0.5,0.7)	(0.5,0.7,0.9)	(0.5,0.7,0.9)	(0.3,0.5,0.7)
C_{33}	(0.5,0.7,0.9)	(0.5,0.7,0.9)	(0.3,0.5,0.7)	(0.3,0.5,0.7)
C_{34}	(0.5,0.7,0.9)	(0.5,0.7,0.9)	(0.5,0.7,0.9)	(0.3,0.5,0.7)
C_{35}	(0.5,0.7,0.9)	(0.7,0.9,1.0)	(0.5,0.7,0.9)	(0.3,0.5,0.7)
C_{36}	(0.7,0.9,1.0)	(0.5,0.7,0.9)	(0.7,0.9,1.0)	(0.5,0.7,0.9)
C_{41}	(0.1,0.3,0.5)	(0,0,0.1)	(0.3,0.5,0.7)	(0.3,0.5,0.7)
C_{42}	(0.1,0.3,0.5)	(0,0,0.1)	(0.1,0.3,0.5)	(0.3,0.5,0.7)
C_{43}	(0.1,0.3,0.5)	(0.3,0.5,0.7)	(0.3,0.5,0.7)	(0.3,0.5,0.7)
C_{51}	(0.5,0.7,0.9)	(0.3,0.5,0.7)	(0.7,0.9,1.0)	(0.1,0.3,0.5)

续表

指标	LX2004	LX2014	JL	TCL
C_{52}	(0.3,0.5,0.7)	(0.1,0.3,0.5)	(0.5,0.7,0.9)	(0.1,0.3,0.5)
C_{53}	(0.1,0.3,0.5)	(0.1,0.3,0.5)	(0.1,0.3,0.5)	(0.1,0.3,0.5)
C_{54}	(0.7,0.9,1.0)	(0.5,0.7,0.9)	(0.7,0.9,1.0)	(0.3,0.5,0.7)

表 6.2　D2 专家学者评价结果

指标	LX2004	LX2014	JL	TCL
C_{11}	(0.7,0.9,1.0)	(0.5,0.7,0.9)	(0.9,1.0,1.0)	(0.7,0.9,1.0)
C_{12}	(0.5,0.7,0.9)	(0.3,0.5,0.7)	(0.7,0.9,1.0)	(0.5,0.7,0.9)
C_{13}	(0.5,0.7,0.9)	(0.3,0.5,0.7)	(0.7,0.9,1.0)	(0.3,0.5,0.7)
C_{21}	(0.7,0.9,1.0)	(0.5,0.7,0.9)	(0.7,0.9,1.0)	(0.1,0.3,0.5)
C_{22}	(0.3,0.5,0.7)	(0.3,0.5,0.7)	(0.7,0.9,1.0)	(0.1,0.3,0.5)
C_{23}	(0.7,0.9,1.0)	(0.3,0.5,0.7)	(0.7,0.9,1.0)	(0.5,0.7,0.9)
C_{24}	(0.7,0.9,1.0)	(0.5,0.7,0.9)	(0.7,0.9,1.0)	(0.3,0.5,0.7)
C_{31}	(0.7,0.9,1.0)	(0.7,0.9,1.0)	(0.7,0.9,1.0)	(0.7,0.9,1.0)
C_{32}	(0.3,0.5,0.7)	(0.3,0.5,0.7)	(0.5,0.7,0.9)	(0.3,0.5,0.7)
C_{33}	(0.5,0.7,0.9)	(0.5,0.7,0.9)	(0.3,0.5,0.7)	(0.3,0.5,0.7)
C_{34}	(0.5,0.7,0.9)	(0.5,0.7,0.9)	(0.3,0.5,0.7)	(0.3,0.5,0.7)
C_{35}	(0.5,0.7,0.9)	(0.7,0.9,1.0)	(0.5,0.7,0.9)	(0.3,0.5,0.7)
C_{36}	(0.7,0.9,1.0)	(0.5,0.7,0.9)	(0.7,0.9,1.0)	(0.3,0.5,0.7)
C_{41}	(0.1,0.3,0.5)	(0,0,0.1)	(0.1,0.3,0.5)	(0.3,0.5,0.7)
C_{42}	(0.1,0.3,0.5)	(0,0,0.1)	(0.3,0.5,0.7)	(0.3,0.5,0.7)
C_{43}	(0.3,0.5,0.7)	(0.5,0.7,0.9)	(0,0.1,0.3)	(0.5,0.7,0.9)
C_{51}	(0.7,0.9,1.0)	(0.3,0.5,0.7)	(0.7,0.9,1.0)	(0.1,0.3,0.5)
C_{52}	(0.5,0.7,0.9)	(0.1,0.3,0.5)	(0.5,0.7,0.9)	(0.1,0.3,0.5)
C_{53}	(0,0.1,0.3)	(0,0.1,0.3)	(0,0.1,0.3)	(0.1,0.3,0.5)
C_{54}	(0.5,0.7,0.9)	(0.5,0.7,0.9)	(0.7,0.9,1.0)	(0.3,0.5,0.7)

表 6.3　D3 专家学者评价结果

指标	LX2004	LX2014	JL	TCL
C_{11}	(0.9,1.0,1.0)	(0.5,0.7,0.9)	(0.9,1.0,1.0)	(0.7,0.9,1.0)
C_{12}	(0.9,1.0,1.0)	(0.3,0.5,0.7)	(0.9,1.0,1.0)	(0.3,0.5,0.7)
C_{13}	(0.9,1.0,1.0)	(0.3,0.5,0.7)	(0.9,1.0,1.0)	(0.3,0.5,0.7)
C_{21}	(0.7,0.9,1.0)	(0.5,0.7,0.9)	(0.3,0.5,0.7)	(0.3,0.5,0.7)
C_{22}	(0.7,0.9,1.0)	(0.3,0.5,0.7)	(0.9,1.0,1.0)	(0.3,0.5,0.7)
C_{23}	(0.7,0.9,1.0)	(0.3,0.5,0.7)	(0.7,0.9,1.0)	(0.5,0.7,0.9)
C_{24}	(0.7,0.9,1.0)	(0.5,0.7,0.9)	(0.9,1.0,1.0)	(0.5,0.7,0.9)
C_{31}	(0.7,0.9,1.0)	(0.7,0.9,1.0)	(0.7,0.9,1.0)	(0.7,0.9,1.0)
C_{32}	(0.3,0.5,0.7)	(0.5,0.7,0.9)	(0.5,0.7,0.9)	(0.1,0.3,0.5)
C_{33}	(0.5,0.7,0.9)	(0.5,0.7,0.9)	(0.3,0.5,0.7)	(0.3,0.5,0.7)
C_{34}	(0.5,0.7,0.9)	(0.5,0.7,0.9)	(0.5,0.7,0.9)	(0.3,0.5,0.7)
C_{35}	(0.5,0.7,0.9)	(0.7,0.9,1.0)	(0.9,1.0,1.0)	(0.5,0.7,0.9)
C_{36}	(0.9,1.0,1.0)	(0.5,0.7,0.9)	(0.7,0.9,1.0)	(0.5,0.7,0.9)
C_{41}	(0.1,0.3,0.5)	(0,0.1,0.3)	(0.1,0.3,0.5)	(0.1,0.3,0.5)
C_{42}	(0.1,0.3,0.5)	(0,0.1,0.3)	(0.1,0.3,0.5)	(0.3,0.5,0.7)
C_{43}	(0.1,0.3,0.5)	(0.3,0.5,0.7)	(0.1,0.3,0.5)	(0.5,0.7,0.9)
C_{51}	(0.5,0.7,0.9)	(0.1,0.3,0.5)	(0.7,0.9,1.0)	(0.1,0.3,0.5)
C_{52}	(0.3,0.5,0.7)	(0.1,0.3,0.5)	(0.5,0.7,0.9)	(0.1,0.3,0.5)
C_{53}	(0.1,0.3,0.5)	(0.1,0.3,0.5)	(0.1,0.3,0.5)	(0.1,0.3,0.5)
C_{54}	(0.9,1.0,1.0)	(0.5,0.7,0.9)	(0.7,0.9,1.0)	(0.1,0.3,0.5)

表 6.4　D4 专家学者评价结果

指标	LX2004	LX2014	JL	TCL
C_{11}	(0.7,0.9,1.0)	(0.5,0.7,0.9)	(0.9,1.0,1.0)	(0.5,0.7,0.9)
C_{12}	(0.7,0.9,1.0)	(0.3,0.5,0.7)	(0.7,0.9,1.0)	(0.5,0.7,0.9)
C_{13}	(0.7,0.9,1.0)	(0.3,0.5,0.7)	(0.7,0.9,1.0)	(0.3,0.5,0.7)
C_{21}	(0.5,0.7,0.9)	(0.5,0.7,0.9)	(0.7,0.9,1.0)	(0.1,0.3,0.5)

续表

指标	LX2004	LX2014	JL	TCL
C_{22}	(0.5,0.7,0.9)	(0.3,0.5,0.7)	(0.7,0.9,1.0)	(0.1,0.3,0.5)
C_{23}	(0.7,0.9,1.0)	(0.3,0.5,0.7)	(0.7,0.9,1.0)	(0.5,0.7,0.9)
C_{24}	(0.7,0.9,1.0)	(0.5,0.7,0.9)	(0.7,0.9,1.0)	(0.3,0.5,0.7)
C_{31}	(0.7,0.9,1.0)	(0.7,0.9,1.0)	(0.7,0.9,1.0)	(0.7,0.9,1.0)
C_{32}	(0.3,0.5,0.7)	(0.5,0.7,0.9)	(0.5,0.7,0.9)	(0.3,0.5,0.7)
C_{33}	(0.5,0.7,0.9)	(0.5,0.7,0.9)	(0.3,0.5,0.7)	(0.3,0.5,0.7)
C_{34}	(0.3,0.5,0.7)	(0.5,0.7,0.9)	(0.5,0.7,0.9)	(0.3,0.5,0.7)
C_{35}	(0.5,0.7,0.9)	(0.7,0.9,1.0)	(0.5,0.7,0.9)	(0.3,0.5,0.7)
C_{36}	(0.7,0.9,1.0)	(0.3,0.5,0.7)	(0.7,0.9,1.0)	(0.3,0.5,0.7)
C_{41}	(0.1,0.3,0.5)	(0,0,0.1)	(0.3,0.5,0.7)	(0.3,0.5,0.7)
C_{42}	(0.1,0.3,0.5)	(0,0,0.1)	(0.1,0.3,0.5)	(0.3,0.5,0.7)
C_{43}	(0.1,0.3,0.5)	(0.3,0.5,0.7)	(0.3,0.5,0.7)	(0.3,0.5,0.7)
C_{51}	(0.5,0.7,0.9)	(0.3,0.5,0.7)	(0.7,0.9,1.0)	(0.3,0.5,0.7)
C_{52}	(0.3,0.5,0.7)	(0.1,0.3,0.5)	(0.5,0.7,0.9)	(0.1,0.3,0.5)
C_{53}	(0.1,0.3,0.5)	(0.1,0.3,0.5)	(0.1,0.3,0.5)	(0.1,0.3,0.5)
C_{54}	(0.7,0.9,1.0)	(0.5,0.7,0.9)	(0.7,0.9,1.0)	(0.3,0.5,0.7)

表 6.5　D5 专家学者评价结果

指标	LX2004	LX2014	JL	TCL
C_{11}	(0.9,1.0,1.0)	(0.5,0.7,0.9)	(0.9,1.0,1.0)	(0.7,0.9,1.0)
C_{12}	(0.7,0.9,1.0)	(0.3,0.5,0.7)	(0.7,0.9,1.0)	(0.5,0.7,0.9)
C_{13}	(0.7,0.9,1.0)	(0.3,0.5,0.7)	(0.7,0.9,1.0)	(0.3,0.5,0.7)
C_{21}	(0.5,0.7,0.9)	(0.5,0.7,0.9)	(0.7,0.9,1.0)	(0.1,0.3,0.5)
C_{22}	(0.5,0.7,0.9)	(0.3,0.5,0.7)	(0.7,0.9,1.0)	(0.1,0.3,0.5)
C_{23}	(0.7,0.9,1.0)	(0.3,0.5,0.7)	(0.7,0.9,1.0)	(0.5,0.7,0.9)
C_{24}	(0.7,0.9,1.0)	(0.5,0.7,0.9)	(0.7,0.9,1.0)	(0.5,0.7,0.9)
C_{31}	(0.7,0.9,1.0)	(0.7,0.9,1.0)	(0.7,0.9,1.0)	(0.7,0.9,1.0)

续表

指标	LX2004	LX2014	JL	TCL
C_{32}	$(0.3,0.5,0.7)$	$(0.5,0.7,0.9)$	$(0.5,0.7,0.9)$	$(0.3,0.5,0.7)$
C_{33}	$(0.5,0.7,0.9)$	$(0.5,0.7,0.9)$	$(0.3,0.5,0.7)$	$(0.3,0.5,0.7)$
C_{34}	$(0.5,0.7,0.9)$	$(0.5,0.7,0.9)$	$(0.5,0.7,0.9)$	$(0.3,0.5,0.7)$
C_{35}	$(0.5,0.7,0.9)$	$(0.3,0.5,0.7)$	$(0.5,0.7,0.9)$	$(0.7,0.9,1.0)$
C_{36}	$(0.9,1.0,1.0)$	$(0.7,0.9,1.0)$	$(0.9,1.0,1.0)$	$(0.5,0.7,0.9)$
C_{41}	$(0,0.1,0.3)$	$(0.3,0.5,0.7)$	$(0.1,0.3,0.5)$	$(0.5,0.7,0.9)$
C_{42}	$(0.1,0.3,0.5)$	$(0,0,0.1)$	$(0.1,0.3,0.5)$	$(0.3,0.5,0.7)$
C_{43}	$(0,0.1,0.3)$	$(0.7,0.9,1.0)$	$(0,0,0.1)$	$(0.5,0.7,0.9)$
C_{51}	$(0.5,0.7,0.9)$	$(0.3,0.5,0.7)$	$(0.7,0.9,1.0)$	$(0.1,0.3,0.5)$
C_{52}	$(0.5,0.7,0.9)$	$(0.1,0.3,0.5)$	$(0.7,0.9,1.0)$	$(0,0,0.1)$
C_{53}	$(0,0.1,0.3)$	$(0.1,0.3,0.5)$	$(0.1,0.3,0.5)$	$(0.3,0.5,0.7)$
C_{54}	$(0.7,0.9,1.0)$	$(0.3,0.5,0.7)$	$(0.9,1.0,1.0)$	$(0.1,0.3,0.5)$

假定各个专家的重要性相同,对 5 位专家的模糊评价矩阵进行均值计算,得到模糊均值矩阵,计算模糊均值见表 6.6。

表 6.6　模糊均值

指标	LX2004	LX2014	JL	TCL
C_{11}	$(0.82,0.96,1)$	$(0.5,0.7,0.9)$	$(0.9,1,1)$	$(0.66,0.86,0.98)$
C_{12}	$(0.7,0.88,0.98)$	$(0.3,0.5,0.7)$	$(0.74,0.92,1)$	$(0.46,0.66,0.86)$
C_{13}	$(0.7,0.88,0.98)$	$(0.3,0.5,0.7)$	$(0.74,0.92,1)$	$(0.3,0.5,0.7)$
C_{21}	$(0.58,0.78,0.94)$	$(0.5,0.7,0.9)$	$(0.62,0.82,0.94)$	$(0.14,0.34,0.54)$
C_{22}	$(0.5,0.7,0.88)$	$(0.3,0.5,0.7)$	$(0.74,0.92,1)$	$(0.14,0.34,0.54)$
C_{23}	$(0.7,0.9,1)$	$(0.3,0.5,0.7)$	$(0.7,0.9,1)$	$(0.5,0.7,0.6)$
C_{24}	$(0.7,0.9,1)$	$(0.5,0.7,0.9)$	$(0.74,0.92,1)$	$(0.42,0.66,0.82)$
C_{31}	$(0.7,0.9,1)$	$(0.7,0.9,1)$	$(0.7,0.9,1)$	$(0.7,0.9,1)$
C_{32}	$(0.3,0.5,0.7)$	$(0.46,0.66,0.86)$	$(0.5,0.7,0.9)$	$(0.26,0.46,0.66)$
C_{33}	$(0.5,0.7,0.9)$	$(0.5,0.7,0.9)$	$(0.3,0.5,0.7)$	$(0.3,0.5,0.7)$

续表

指标	LX2004	LX2014	JL	TCL
C_{34}	$(0.46,0.66,0.86)$	$(0.5,0.7,0.9)$	$(0.46,0.66,0.86)$	$(0.3,0.5,0.7)$
C_{35}	$(0.5,0.7,0.9)$	$(0.62,0.82,0.94)$	$(0.5,0.7,0.9)$	$(0.38,0.58,0.76)$
C_{36}	$(0.78,0.94,1)$	$(0.5,0.7,0.88)$	$(0.74,0.92,1)$	$(0.42,0.62,0.82)$
C_{41}	$(0.08,0.26,0.52)$	$(0.06,0.12,0.26)$	$(0.18,0.38,0.58)$	$(0.3,0.5,0.7)$
C_{42}	$(0.1,0.3,0.5)$	$(0,0.02,0.14)$	$(0.14,0.34,0.54)$	$(0.3,0.5,0.7)$
C_{43}	$(0.12,0.3,0.5)$	$(0.42,0.62,0.8)$	$(0.14,0.28,0.46)$	$(0.42,0.62,0.82)$
C_{51}	$(0.54,0.74,0.92)$	$(0.26,0.46,0.66)$	$(0.7,0.9,1)$	$(0.14,0.34,0.54)$
C_{52}	$(0.38,0.58,0.78)$	$(0.1,0.3,0.5)$	$(0.54,0.74,0.92)$	$(0.08,0.24,0.42)$
C_{53}	$(0.06,0.22,0.42)$	$(0.08,0.26,0.46)$	$(0.08,0.26,0.46)$	$(0.14,0.34,0.54)$
C_{54}	$(0.7,0.88,0.98)$	$(0.46,0.66,0.86)$	$(0.74,0.92,1)$	$(0.22,0.42,0.62)$

按照上文三角模糊数转为清晰数的方式,即中心值法,对表6.6三角模糊均值矩阵进行转换,构建由确切数构成的评价矩阵,即清晰数评价矩阵(表6.7)。

表6.7 清晰数评价矩阵

指标	LX2004	LX2014	JL	TCL
C_{11}	0.935	0.7	0.975	0.84
C_{12}	0.86	0.5	0.895	0.66
C_{13}	0.86	0.5	0.895	0.5
C_{21}	0.77	0.7	0.8	0.34
C_{22}	0.695	0.5	0.895	0.34
C_{23}	0.875	0.5	0.875	0.7
C_{24}	0.875	0.7	0.895	0.64
C_{31}	0.875	0.875	0.875	0.875
C_{32}	0.5	0.66	0.7	0.46
C_{33}	0.7	0.7	0.5	0.5
C_{34}	0.66	0.7	0.66	0.5
C_{35}	0.7	0.8	0.7	0.575

续表

指标	LX2004	LX2014	JL	TCL
C_{36}	0.915	0.695	0.895	0.62
C_{41}	0.28	0.14	0.38	0.5
C_{42}	0.3	0.045	0.34	0.5
C_{43}	0.305	0.615	0.29	0.62
C_{51}	0.735	0.46	0.875	0.34
C_{52}	0.58	0.3	0.735	0.245
C_{53}	0.23	0.265	0.265	0.34
C_{54}	0.86	0.66	0.895	0.42

对表 6.7 清晰数评价矩阵,按照上文所述无量纲化公式,进行无量纲化处理,所得无量纲化清晰数评价矩阵见表 6.8。

表 6.8 无量纲化清晰数评价矩阵

无量纲化	LX2004	LX2014	JL	TCL	除数	开根
C_{11}	0.538	0.402 77	0.561	0.483	3.02	1.737 9
C_{12}	0.576	0.335 11	0.6	0.442	2.226	1.492 1
C_{13}	0.602	0.350 02	0.627	0.35	2.041	1.428 5
C_{21}	0.568	0.516 26	0.59	0.251	1.839	1.355 9
C_{22}	0.541	0.389 29	0.697	0.265	1.65	1.284 4
C_{23}	0.581	0.331 77	0.581	0.464	2.271	1.507 1
C_{24}	0.557	0.445 74	0.57	0.408	2.466	1.570 4
C_{31}	0.5	0.5	0.5	0.5	3.063	1.75
C_{32}	0.425	0.560 37	0.594	0.391	1.387	1.177 8
C_{33}	0.575	0.575 4	0.411	0.411	1.48	1.216 6
C_{34}	0.52	0.551 47	0.52	0.394	1.611	1.269 3
C_{35}	0.501	0.572 8	0.501	0.412	1.951	1.396 6
C_{36}	0.578	0.439 06	0.565	0.392	2.506	1.582 9
C_{41}	0.399	0.199 51	0.542	0.713	0.492	0.701 7

续表

无量纲化	LX2004	LX2014	JL	TCL	除数	开根
C_{42}	0.443	0.066 52	0.503	0.739	0.458	0.676 5
C_{43}	0.315	0.634 41	0.299	0.64	0.94	0.969 4
C_{51}	0.575	0.359 96	0.685	0.266	1.633	1.277 9
C_{52}	0.572	0.296 08	0.725	0.242	1.027	1.013 2
C_{53}	0.414	0.476 76	0.477	0.612	0.309	0.555 8
C_{54}	0.586	0.449 84	0.61	0.286	2.153	1.467 2

6.2.2 基于熵权、AHP 法计算各指标综合权重

基于上文无量纲化清晰数评价矩阵,得出各指标最优值,计算各企业并购逆向转移能力各指标与最优值间的接近度,并进行归一化处理,得到各指标熵权客观权重(表6.9)。

表6.9 熵权客观权重

指标	权重	指标	权重
C_{11}	0.049	C_{34}	0.049
C_{12}	0.049 5	C_{35}	0.049
C_{13}	0.049 9	C_{36}	0.049 2
C_{21}	0.050 1	C_{41}	0.051 4
C_{22}	0.050 6	C_{42}	0.054 6
C_{23}	0.049 5	C_{43}	0.050 7
C_{24}	0.049 1	C_{51}	0.050 7
C_{31}	0.048 8	C_{52}	0.051 6
C_{32}	0.049 2	C_{53}	0.049 1
C_{33}	0.049 2	C_{54}	0.049 9

参照九分度表(表6.10),由上述五位专家进行打分,形成两两比较矩阵(均值矩阵),见附录;利用 yaahp 软件,对各指标进行层次分析,得出 AHP 主观权重。

表 6.10　比较矩阵九分度表

数值	含义
1	表示两指标相比,同样重要
3	表示两指标相比,一指标较另一指标稍微重要
5	表示两指标相比,一指标较另一指标明显重要
7	表示两指标相比,一指标较另一指标强烈重要
9	表示两指标相比,一指标较另一指标极其重要

表 6.11　AHP 主观权重

指标	权重	指标	权重
C_{11}	0.051 8	C_{34}	0.053 2
C_{12}	0.113 3	C_{35}	0.025 6
C_{13}	0.113 3	C_{36}	0.053 2
C_{21}	0.051 8	C_{41}	0.014 1
C_{22}	0.025 6	C_{42}	0.013
C_{23}	0.119 3	C_{43}	0.007 3
C_{24}	0.053 2	C_{51}	0.113 3
C_{31}	0.012	C_{52}	0.025 6
C_{32}	0.007 3	C_{53}	0.008
C_{33}	0.025 6	C_{54}	0.113 3

按照上文公式,计算熵权、AHP 综合权重(表 6.12)。

表 6.12　综合权重

指标	权重	指标	权重
C_{11}	0.051 0	C_{22}	0.026 0
C_{12}	0.112 6	C_{23}	0.118 5
C_{13}	0.113 6	C_{24}	0.052 4
C_{21}	0.052 1	C_{31}	0.011 7

续表

指标	权重	指标	权重
C_{32}	0.007 2	C_{42}	0.014 2
C_{33}	0.025 3	C_{43}	0.007 4
C_{34}	0.052 3	C_{51}	0.115 3
C_{35}	0.025 2	C_{52}	0.026 5
C_{36}	0.052 5	C_{53}	0.007 9
C_{41}	0.014 6	C_{54}	0.113 6

6.2.3 计算相对贴近度

根据上文所得熵权、AHP 权重,对无量纲化清晰数评价矩阵进行赋权,得到加权标准化评价矩阵(表6.13)。

表 6.13 加权标准化评价矩阵

指标	LX2004	LX2014	JL	TCL
C_{11}	0.027 4	0.020 5	0.028 6	0.024 6
C_{12}	0.064 9	0.037 7	0.067 6	0.049 8
C_{13}	0.068 4	0.039 7	0.071 1	0.039 7
C_{21}	0.029 6	0.026 9	0.030 8	0.013 1
C_{22}	0.014 1	0.010 1	0.018 1	0.006 9
C_{23}	0.068 8	0.039 3	0.068 8	0.055 0
C_{24}	0.029 2	0.023 4	0.029 9	0.021 4
C_{31}	0.005 9	0.005 9	0.005 9	0.005 9
C_{32}	0.003 1	0.004 0	0.004 3	0.002 8
C_{33}	0.014 5	0.014 5	0.010 4	0.010 4
C_{34}	0.027 2	0.028 9	0.027 2	0.020 6
C_{35}	0.012 6	0.014 4	0.012 6	0.010 4
C_{36}	0.030 4	0.023 1	0.029 7	0.020 6
C_{41}	0.005 8	0.002 9	0.007 9	0.010 4

续表

指标	LX2004	LX2014	JL	TCL
C_{42}	0.006 3	0.000 9	0.007 2	0.010 5
C_{43}	0.002 3	0.004 7	0.002 2	0.004 7
C_{51}	0.066 3	0.041 5	0.079 0	0.030 7
C_{52}	0.015 2	0.007 9	0.019 3	0.006 4
C_{53}	0.003 3	0.003 8	0.003 8	0.004 8
C_{54}	0.066 6	0.051 1	0.069 3	0.032 5

本书所有指标均为效益型指标,因而从表6.13加权标准化评价矩阵可确定正负理想点(表6.14)。

表6.14　各指标正负理想点

指标	正理想点	负理想点
C_{11}	0.028 6	0.020 5
C_{12}	0.067 6	0.037 7
C_{13}	0.071 1	0.039 7
C_{21}	0.030 8	0.013 1
C_{22}	0.018 1	0.006 9
C_{23}	0.068 8	0.039 3
C_{24}	0.029 9	0.021 4
C_{31}	0.005 9	0.005 9
C_{32}	0.004 3	0.002 8
C_{33}	0.014 5	0.010 4
C_{34}	0.028 9	0.020 6
C_{35}	0.014 4	0.010 4
C_{36}	0.030 4	0.020 6
C_{41}	0.010 4	0.002 9
C_{42}	0.010 5	0.000 9
C_{43}	0.004 7	0.002 2

续表

指标	正理想点	负理想点
C_{51}	0.079 0	0.030 7
C_{52}	0.019 3	0.006 4
C_{53}	0.004 8	0.003 3
C_{54}	0.069 3	0.032 5

表 6.15　正负理想点距离

序号	正理想点距离	负理想点距离
LX2004	0.394 3	0.118 9
LX2014	0.406 4	0.153 2
JL	0.386 4	0.141 3
TCL	0.395 7	0.171 1

按照上文所述公式,计算相对贴近度(表6.16)。

表 6.16　相对贴近度

LX2004	LX2014	JL	TCL
0.819 0	0.284 1	0.924 9	0.234 1

6.3　实证结果分析

6.3.1　权重结果分析

1.熵权重结果分析

根据表6.9所得熵权重结果,可知各指标权重均在0.05左右,表明中国企业跨国并购逆向知识转移能力是系统性的能力建设,涉及上述各项指标,缺一不可。其中,情感距离所占权重最大,说明在逆向知识转移过程中,如何消除母子公司的情感距离是影响中国企业跨国并购逆向知识转移能力的重要因素之一。此外,知识挖掘能力、知识转移意愿、知识透明程度、知识复杂性、知识模糊程度、知识距离、企业文化、组织支撑能力的熵权权重均在 0.05 左右,表明这些也是影响中国企业跨国并购逆向知识转移能力的重要因素。

2. AHP 主观权重结果分析

通过构建两两比较矩阵,采用层次分析法计算得出 AHP 主观权重。计算得出的各指标权重差异较大,与熵权权重相比,有明显的层次感。其中,知识识别与认知能力 AHP 权重为 0.119 3,所占权重最大,表明中国企业跨国并购逆向知识转移过程中知识识别与认知能力最为重要。此外,知识接受能力、知识挖掘能力、企业文化、组织支撑能力,所占 AHP 权重较之其他指标具有明显的优势,也是影响中国企业跨国并购逆向知识转移的重要影响因素。

3. 综合权重结果分析

通过计算熵权、AHP 综合权重,所得综合权重更具有可靠性、科学性,避免因主观赋权造成的各权重结果差距较大,控制主观赋权的不客观性;此外,也能避免客观赋权中由于样本数据较少带来的偏差。

从综合权重来看,知识识别与认知能力综合权重为 0.118 5,所占权重最大,表明知识识别与认知能力是中国企业跨国并购逆向知识转移能力最重要的影响因素之一。此外,企业文化、组织支撑能力、知识挖掘能力、知识接受能力所占综合权重较大,也是中国企业跨国并购逆向知识转移能力的重要影响因素之一。其余指标,虽所占权重不大,但合计权重数较大,中国企业跨国并购逆向知识转移过程中也不可忽视其影响作用。

6.3.2　TOPSIS 结果分析

根据最终的相对贴近度结果,吉利并购沃尔沃中逆向知识转移能力最强,其次为联想 2004 年并购 IBM PC 业务;TCL 并购汤姆逊、联想并购摩托罗拉中逆向知识转移能力较弱。根据实际并购后的经营现状来看,此分析结果基本符合实际情况。由于所有指标均为效益型指标,根据相对贴近度计算公式,各企业并购逆向知识转移能力各指标与正理想点距离越近,则相对贴近度越大,表明逆向知识转移能力越强,利用实证模型计算过程中数据来进一步分析各案例中逆向转移能力指标(表6.17)。

表6.17　各企业并购逆向知识转移能力各指标与正理想点距离

指标	LX2004	LX2014	JL	TCL
C_{11}	0.000 001	0.000 065	0.000 000	0.000 016
C_{12}	0.000 007	0.000 889	0.000 000	0.000 315
C_{13}	0.000 008	0.000 986	0.000 000	0.000 986
C_{21}	0.000 001	0.000 015	0.000 000	0.000 313
C_{22}	0.000 016	0.000 064	0.000 000	0.000 126
C_{23}	0.000 000	0.000 869	0.000 000	0.000 189
C_{24}	0.000 000	0.000 042	0.000 000	0.000 072
C_{31}	0.000 000	0.000 000	0.000 000	0.000 000
C_{32}	0.000 002	0.000 000	0.000 000	0.000 002
C_{33}	0.000 000	0.000 000	0.000 017	0.000 017
C_{34}	0.000 003	0.000 000	0.000 003	0.000 068
C_{35}	0.000 003	0.000 000	0.000 003	0.000 016
C_{36}	0.000 000	0.000 053	0.000 000	0.000 096
C_{41}	0.000 021	0.000 056	0.000 006	0.000 000
C_{42}	0.000 018	0.000 092	0.000 011	0.000 000
C_{43}	0.000 006	0.000 000	0.000 006	0.000 000
C_{51}	0.000 160	0.001 403	0.000 000	0.002 331
C_{52}	0.000 016	0.000 130	0.000 000	0.000 165
C_{53}	0.000 002	0.000 001	0.000 001	0.000 000
C_{54}	0.000 007	0.000 331	0.000 000	0.001 352

　　由于上述数据为加权后数据,根据中国企业并购逆向知识转移能力评价公式,各指标在求解企业整体与正理想点距离是等权重的,因而直接分析表6.17即可探讨上述四个案例中各项指标对整体的贡献度。从纵向角度,企业并购逆向知识转移能力各指标角度来分析:在联想2004并购IBM PC业务中,企业文化建设对逆向知识转移能力贡献最大,其次为知识复杂性、知识模糊性、情感距离等;在联想并购摩托罗拉中,企业文化对逆向知识转移能力贡献最大,其次为知

识挖掘能力、知识接受能力、知识识别与认知能力、组织支撑能力等;在吉利并购沃尔沃中,员工培训计划对逆向知识转移能力贡献最大,其次为知识模糊性、知识复杂性、知识距离、跨部门团队等;在TCL并购汤姆逊中,企业文化对逆向知识转移能力贡献最大,其次为组织支撑能力、知识挖掘能力、知识接受能力等。

从横向各指标在各企业贡献程度来看,吉利并购沃尔沃中学习意愿、知识接受能力、知识挖掘能力、知识识别与认知能力、企业文化、情感距离、组织支撑能力相较于其他企业具有优势,而联想并购摩托罗拉、TCL并购汤姆逊中则相应的在这类指标上存在明显差距。

对比联想并购IBM PC业务和摩托罗拉业务,可发现:由于逆向知识转移能力不仅受中国企业吸收能力影响,同样受被并购企业传授能力影响以及其他情景因素影响,因此在并购前有必要对被并购对象进行深入了解,分析其转移能力,这是保障中国企业跨国并购逆向知识转移顺利与否的前提条件之一;此外,不可忽视情境控制等因素对中国企业跨国并购逆向知识转移能力的重要影响。

中国企业逆向知识转移能力是动态变化、因地制宜的,即使联想集团有过较好的逆向知识转移成功经验,并取得很大的并购回报,但是在后续并购摩托罗拉的过程中,由于自身存在转移能力不够,而摩托罗拉方面传授能力不强,再加上未做好情景控制、沟通机制等建设,因此在知识转移层面并购效果不理想,这反映在联想手机逐渐脱离了国产手机一线品牌。

6.4　本章小结

本章通过构建熵权、AHP权重的三角模糊数—TOPSIS评价模型,对中国企业并购逆向知识转移能力进行实证分析。在中国企业并购逆向知识转移能力评价模型构建中,以TOPSIS评估方法为核心并进行了改进。一是采用三角模糊数将定性数据较为客观地转化为定量数据;二是改进主观权重确定方法,采用熵权与AHP相结合的权重方法,使权重的确定也较为客观,贴近客观现实。进而,运用所建立的熵权、AHP权重的三角模糊数—TOPSIS评价模型,对所选取的较为典型的中国企业并购逆向知识转移案例进行实证分析。本章共选取四个中国企业跨国并购案例,一是探讨不同行业中国企业并购逆向知识转移能力;二是探讨同一企业在不同时间并购不同的业务对象,转移能力又会呈现怎样的特征。通过实证分析,中国企业并购逆向知识转移是系统性的能力建设,其中知识识别与认知能力、企业文化、组织支撑能力、知识挖掘能力、知识接受能力对逆向知识转移能力影响权重较大;由于逆向知识转移能力构建受制于被并购对象,因而被并购对象选择(含行业)也很重要;最后,逆向知识转移能力需要并购企业以及被并购企业持续、动态建设,难以一劳永逸。

第7章

提升中国企业跨国并购逆向知识转移能力的对策与建议

CHAPTER

本书对中国企业跨国并购逆向知识转移特征、中国企业跨国并购逆向知识转移能力内涵及构成、中国企业跨国并购逆向知识转移能力形成机理、中国企业跨国并购逆向知识转移作用机制分析进行了详尽阐释，并在构建相对完善、科学、合理的中国企业跨国并购逆向知识转移能力评价指标体系的基础上，通过运用熵权、AHP权重的三角模糊数—TOPSIS评价模型对四个典型的中国企业跨国并购逆向知识转移能力进行对比分析。通过上述理论与实证分析，本章将围绕如何提升中国企业跨国并购逆向知识转移能力，提出相关可行性建议与对策，以期能在知识转移方面为中国企业跨国并购提供借鉴。

7.1　基于知识内容特性角度提升逆向知识转移能力的对策与建议

通过本书的研究发现，显性知识容易被转移和吸收，隐性知识则难以被识别和转移，在中国企业逆向知识转移中，只有用显性化的概念和语言来清晰地表达隐性知识，才能做到逆向转移的知识量最大化，因此，中国企业跨国并购逆向知识转移实践中应当注重知识管理机制建设，通过规范有序的知识转移管理机制为逆向知识转移提供有效保障。

7.1.1　设立专职的知识管理机构

知识管理机构的建设是中国企业发展壮大，乃至走出国门迈向世界必不可少的一个环节，由其牵头完善知识管理体系，能够实现企业内部有效知识转移与共享。知识管理机构设立的目的是站在企业战略高度，统筹知识管理，促进企业知识积累，有效实现母子公司员工进行知识转移与交流。

首先，中国企业需要设立专门的知识管理部门来专门负责知识的收集、萃取、整理、归纳、储存以及交流等工作。设立部门的优点主要有以下几点：①有利于中国子公司清晰地认识自身所需要的知识,统筹海外子公司利用其先发优势和东道国环境有目的性地去搜集、研发或转移现有的相关知识;②有利于海外子公司对当地知识的搜集整理与传递,便于中国母公司和其他子公司对其知识的学习、吸收、转化和利用,避免了资源浪费,也节约了知识转移的时间和成本;③有利于中国企业深度挖掘子公司的知识,尤其是储存于子公司员工个体和部门记忆中的隐性知识。

其次,中国企业可在内部设立首席知识官(CKO)、知识工程师、知识经理和知识分析员等职位,负责企业系统内学习和知识发展规划,设计和建立企业培训、知识库和数据库、研究组以及与外部的学术联系等基础设施,组织母子公司之间的知识负责人与联系人,帮助中国企业寻找获得知识的途径,以便最大限度地产出对中国企业有用的知识。

7.1.2 建立完善的知识管理及知识转移制度体系

母子公司知识转移,尤其是跨国并购母子公司逆向知识转移阻力重重,非一蹴而就,而是动态持续转移过程。因而,中国企业作为主导母公司,有必要构建适用于母子公司的知识管理及转移制度体系,使知识管理、知识转移、逆向知识转移嵌入公司日常经营管理当中,使其成为企业运营管理的重要工作内容。中国企业在跨国并购时,在充分了解被并购对象的同时,还应该考虑所在国的制度要求,并在成功实现并购后,根据所在国制度,结合母子公司实际情况及企业特征,完善一套有效适用的知识管理及知识转移制度体系。

首先,中国企业应建立知识管理运行制度。逆向知识转移要求母子公司的各个节点单元建立起有效的知识市场搜集制度,促进母子公司对来自内部和外部知识的收集与整理,内部知识包括东道国的专利成果、技术政策、技术发展趋势、法律法规等知识,外部知识包括同行业的技术标准和规范、工艺技巧、市场动态、产品发展趋势等。其次,中国企业应建立知识分类与标准化制度,按照知识的特性对知识进行分类管理和标准化管理,便于知识使用者快速检索和利用,提升知识吸收效率。最后,建立部门与员工知识考评制度,要求部门和员工定期申报知识成果的数量,并对逆向知识转移的成果价值和应用进行综合性评价,与激励机制挂钩,形成良性循环。

7.1.3　建立企业知识库与专家库

中国企业通过知识库、专家库等建设,形成全球性的知识库、专家库,推动知识转移,含逆向知识转移,实现母子公司知识有效共享,为母子公司知识转移与共享构建良好的环境。知识库、专家库的建立,一方面实现了知识储备与积累,将企业发展过程中识别发掘的有价值的知识进行编码储存,并进行有效管理,从而使知识在全球范围内为其他子公司所利用,实现知识的有效共享与流通。专家作为知识载体,隐性知识的重要媒介,对专家进行管理,也有利于企业在各业务领域借助专业人才的力量,推动企业业务发展。知识库、专家库的建设需要知识管理机构作为支撑,对于知识库、专家库进行实时更新,这样才能实现知识、专家有序有效管理,才能有效发挥其作用。

7.2　提升情景控制能力的对策与建议

中国企业与被并购对象所面临的宏观经济、市场等外部环境不同,知识构成、知识应用能力乃至企业组织架构、企业文化都各具特色。在诸多不同点中,如果保障逆向知识转移的顺利进行,实现有效逆向转移的同时,使所转移知识"本土化",助力中国企业发展,乃至反哺被并购对象发展,必须重视情景因素的控制,为中国企业跨国并购逆向知识转移提供有效支撑。

7.2.1　谨慎选择行业和并购对象

传统的中国企业跨国并购多以自然资源为主,在并购对象选择上虽具多样性,但是其复杂程度难以与知识型战略资产的获取相比。在跨国并购中,中国企业首先要确定拟并购行业,行业是逆向知识转移能力各要素潜在的控制变量,对逆向知识转移能力各要素具有根本的潜在影响。实际上,在跨国并购过程中,如中国企业对相关行业的了解不够深入,并购后则很难将目标企业逆向转移的知识融入自身的知识体系中,因而在跨国并购当中,中国企业应当从自身战略、条件出发,有选择地确定所要并购的目标行业。

在确定目标行业的基础上,其次才是筛选目标并购对象。在上文的研究当中,跨国并购逆向知识转移能力既涉及母公司,也涉及子公司,更涉及一些情景因素,而所涉及的知识转移能力要素多为隐性的,难以量化。因而,并购对象的选择往往成为并购逆向知识转移成功与否的先决条件及关键条件。

在并购对象的选择过程中,企业公示信息或是财务信息易于取得。但是仅以财务信息来说,在财务报表之外,可能还存在大量或有负债,这些财务信息一般难以取得,这就需要中国企业组织专业团队,乃至专业投行、咨询顾问公司、会计师事务所的协助,对被并购对象进行全面细致的信息收集工作,在充分进行信息搜集的基础上确定并购对象。其次,中国企业在确定目标对象的过程中,还应当在科学评估战略发展需求的基础上与目标并购对象所具有的资源进行匹配性评估,在充分搜集信息的基础上,判断是否符合中国企业战略发展需要,不能因为获取知识资源而去购置资源。在对战略发展需求分析方面,以分析知识缺口为核心,分析战略发展需求下的知识需求缺口是实现有效跨国并购的先决条件。

由于中国企业发展较之发达国家仍然有差距,且在产业链当中往往处于较低位置,获得附加值也较低。中国企业如想在中国经济发展"新常态"实现转型升级,动能转换,则必须重视知识资源的获取,这也是中国企业国际化竞争的短板。中国企业在跨国并购实践当中,应当以知识资源获取为首要条件,基于企业充裕的现金流,进行技术对接、知识转移。因而,中国企业在跨国并购中,应当建立较为系统、科学的并购对象评估体系,侧重于知识资源获取这一根本目的,系统性地分析、辩证目标企业的知识资源储备与企业发展的匹配度,以及并购中、并购后逆向知识转移风险和风险控制措施。

7.2.2 明确跨国并购逆向转移的创造性资产需求与特征

中国企业跨国并购的目的,由起初的自然资源获取,依托跨国并购海外公司,发展海外市场到战略性资源获取。中国企业在发展过程中,不断积累经验,探索国际化发展模式,走出了具有中国特色的跨国并购发展之路。在跨国并购中,发达国家先进的生产技术、生产工艺、专业的人才、关键核心科学技术、卓有成效的管理模式、成功的商业模式等战略性资源,对于中国企业而言都是很好的借鉴。跨国并购与这些战略性资源获取紧密关联,成为中国企业跨国并购逆向转移的主体,这些战略性资源在并购后会积极主动地参与到相关资源逆向转移的过程当中。

在上文的分析中,中国企业跨国并购逆向知识转移能力中知识接受能力、挖掘能力是母公司应当具备的关键能力,如要实现高效率有效的逆向知识转移,关键在于提升知识接受能力,而知识挖掘能力更多体现在逆向知识转移动态发展过程中。中国企业提升知识接受能力首先要解决"差距"问题,这里说的差距不仅包括知识差距、文化差距,还包括语言差距等。若中国企业与并购对象在技术、知识方面差距较大,则在逆向知识转移过程中难以吸收所转移知识,更无法深度挖掘知识;而语言差距更是阻碍了对知识的吸收,尤其在隐性知识吸收上,对并购对象所在地的语言习惯理解不够深入,很容易出现曲解。文化差距的影响体现在中国企业跨国并购逆向知识转移的多个方面,是中国企业跨国并购逆向知识转移的外部环境以及内在因素,如果中国企业在跨国并购中不积极了解并购对象民族文化、公司文化,则难以实现知识的逆向转移。

7.2.3　建立有效逆向知识转移激励机制

中国企业作为跨国并购主导企业,应当引导被并购对象一同建立有效的逆向知识转移激励机制,这里所说的激励机制不仅包括物质上的激励,还应当包括精神的激励。以有效激励机制建设为契机,提高母子公司转移意愿、知识转移与吸收能力建设,消除情感距离。

中国企业在并购完成后,若仅以强制手段推动子公司进行逆向知识转移,在拉锯母子公司企业关系的同时,难以激发子公司转移意向,在实践过程中除了导致子公司员工消极怠工外,还可能导致母公司员工也缺乏学习意愿,难以充分利用所转移的知识,最终导致逆向知识转移无法有效实施。而有效的激励机制,可以通过特定手段方式,引导母子公司员工发挥主观能动性,实现母子公司有效衔接,推动逆向知识转移的持续动态转移。物质奖励主要形式有薪酬、年薪制、股权等激励形式,中国企业在实施物质激励前,应当在充分了解母子公司相关薪酬情况的前提下,结合双方所在外部薪酬情况,进行物质激励机制设计。对于非上市公司、创业公司、高新技术企业,股权激励方式是一种很好的模式,能够对员工实现有效的利益捆绑,使员工对企业产生强烈的归属感与责任感,共同推进企业的长期持续健康发展。在重视物质激励的同时,不可忽视精神激励在发挥母子公司员工主观能动性中的重要影响。良好工作关系的构建、适时的赞赏、对所在工作岗位发展前景的良好展望、未来升迁机会以及工作所能给予员工的安全感都需要精神激励来加以明确与提升。精神激励的基础条件是在激励机制中给予每位员工公平公正的晋升渠道。晋升作为工作成果最直观的体现,要做到适当的人在适当的岗位做适当的事情,在实现员工有效配置的同时,充分发挥每位员工的优势,最终实现企业的长远发展。对员工良好的工作态度、优秀的工作业绩进行适当的表扬,也有利于满足员工的精神需求,使他们更加有动力地投身于企业的发展当中,从而努力实现自我价值。

7.2.4 加强对逆向知识转移的重视并建设有利于员工参与的文化及人际氛围

中国企业跨国并购逆向知识转移能力建设,离不开母子公司的协调以及相关资源的支持。高层领导具有决策权,能够决定资源的流向,因而在逆向知识转移过程中,必须得到高层领导的支持,才能有效实现母子公司知识转移与共享。高层领导要更多地在战略角度引导资源对逆向知识转移过程的倾斜,提高全体员工对逆向知识转移的重视程度,并扫清逆向知识转移能力建设中的巨大阻碍因素。

形成母子公司乐于参与逆向知识转移过程的文化与人际氛围,这需要形成包容、共享的企业文化,也要求建立亲密信任的母子公司员工关系,避免产生较大的情感距离。此外,企业还应当树立人才意识,尊重人才、培养人才、爱护人才,充分利用人才,提高人才对企业的归属感、荣誉感、责任感。

建立包容、共享的企业文化,需要企业在知识转移过程中,给予母子公司员工适当的耐性,能够包容知识转移过程中存在的些许失误,并积极鼓励、激励员工在实践过程中转移共享工作经验等隐性知识,倡导持续完善、持续改进的理念,使母子公司员工乐于合作。企业还应当鼓励创新行为,以创新发掘转移知识的作用。在知识转移过程中,还应当培养母子公司员工良好的求知学习态度,母子公司员工对彼此文化、知识的包容、体谅,相互尊重,相互学习,使他们实现母子公司的共同进步与成长。在这里必须强调学习型组织的建设对逆向知识转移巨大的推动作用。通过学习型组织的搭建,形成以知识为导向的企业文化与人际理念,一切以企业发展目标为着手,共同推进企业发展。

通过一系列的文化建设、人际关系建设,在制度建设保障下,能够有效提高员工对企业的归属感、信任感,使他们参与到母子公司逆向知识转移过程中。基于母子公司员工信任关系的建立,形成包容、共享的企业文化氛围。母子公司各部门、全体员工进行跨国合作,形成较强的内部凝聚力,共同推进企业内部知识传播与共享。

7.2.5 搭建利于逆向知识转移的组织架构

中国企业跨国并购逆向知识转移中还需要围绕企业发展战略,进行适当的组织架构调整,以推动逆向知识转移进程。传统的直线型架构,管理层级较多,难以灵活应对企业发展变化,也不利于母子公司员工进行有效沟通。较为扁平的、松散的网络组织架构更能够适应跨国并购逆向知识转移。因而,组织架构的调整方向应当是扁平的、网络的,尽量减少上下沟通的层级,保障知识从上到下、从下到上的有效传递与反馈。

实践中,中国企业在跨国并购中多积极参与到子公司的管理当中,无论是事业部的设立还是分公司的建设,都是从母公司发展战略与需求出发,力求与母公司实施高度一致性。但是在市场化竞争日益激烈的时代,中国企业在跨国并购中,应当逐渐摒弃集权思想,给予子公司更多的自主权,实现自主经营。积极参与子公司管理,对子公司实施强管控,很容易造成母子公司矛盾,难以有信任感,使母子公司员工关系僵化,内部斗争严重,在影响中国企业跨国并购逆向知识转移的同时,也使企业并购目标无法实现,造成并购失败。对子公司放权,子公司实现自主经营,也有利于子公司参与到全球竞争中,有益于母公司先进技术、知识、管理资源的获得,同时子公司也能得以有效发展。但是,给予子公司自主经营权,并不意味着对子公司的发展放任自流,不加以监督以及适当干预。在母公司战略范畴内,对子公司进行适当干预,参与子公司监督管控是可行的,也是必要的。

7.3 提升传输渠道的丰富性和选择能力的对策与建议

7.3.1 丰富知识传输渠道路径

中国企业跨国并购逆向知识转移中知识传输渠道最重要的外在表现就是沟

通。沟通涉及逆向知识转移的全过程,既包含母子公司,也包含子公司内部、母公司内部的沟通。中国企业跨国并购逆向知识转移得以有效实施的前提就是能够实现高质量的有效的充分的沟通。沟通既包括语言上的交流,如面对面交流等,还包括积极探索其他沟通途径。随着信息技术的发展,电子邮件、QQ、微信、视频会议、电话会议等均成为跨国母子公司有效沟通的渠道途径。此外,新型沟通方式的补充,摆脱了传统的面对面沟通在时间空间上的限制,也有利于企业控制沟通成本。此外,较为丰富多样的沟通途径,也能避免母子公司转移过程中产生厌烦情绪,从而抵触逆向知识转移。

丰富中国企业跨国并购逆向知识转移传输渠道途径,需要加强母子公司员工的交流;贯彻培训计划、轮岗制度实施,强化制度性的知识传输途径。在加强母子公司员工沟通方面,可以采取交流会、培训会,或是组织母子公司相互现场学习、组建跨部门团队、轮岗制度等来实现子公司逆向知识转移。在这里还需要注意的是母子公司由于国别差异,在文化、风俗等方面会存在较大的差异,如果忽视这些差异,很容易造成母子公司员工发生较为严重的冲突,因而要保障沟通的有效进行,还需要母子公司对彼此有基本的了解,并持续加强互动,从而构建较为亲密的母子公司工作关系。轮岗制度给予了母公司员工接触子公司各个岗位,尤其是关键岗位关键知识的途径,母公司员工在轮岗过程中一方面加深了对显性知识的理解,另一方面在实践过程中可以获得与岗位相关的隐性知识,这才是最难能可贵的。此外,轮岗制度的实施,使母子公司员工更近距离接触,在长期工作中更容易培养双方的互信程度。定期组织开展培训交流,贯彻实施培训计划,使培训常态化、制度化,一方面有利于树立以知识学习为导向的良好学习氛围,另一方面有利于母子公司加强对对方知识体系的理解,保障知识传输与知识接受。在知识经济时代,很多大型企业已经设立培训中心或是内部学校,鼓励企业员工参与到知识学习过程中去。一些常态的工作文件的传递与交流,也是中国企业跨国并购逆向知识转移的重要传输途径。

7.3.2 重视知识传输渠道的信息化建设

中国企业跨国并购逆向知识转移中,进行知识信息技术平台建设的目的是更好地提供技术支持,形成良好的合作氛围。知识信息技术平台建设包含数据挖掘系统建设、决策分析系统建设、通信系统建设、知识地图搭建、电子公告板建设等。数据挖掘系统、决策分析系统的建设有益于进行知识搜集,并进行管理,为知识利用者提供很好的接入口。通信系统的建设是母子公司各组织、部门实现有效沟通的基本渠道。知识地图的搭建能够让母子公司员工更为便捷地获取知识。

随着信息技术的发展,信息化建设对知识转移的贡献较为显著,有利于母公司打破时间空间限制进行较为低成本的知识转移。知识转移信息化系统或是平台的搭建能够保证母子公司知识实现有序顺畅的转移,并有利于新知识及信息的获取、传递、共享,从而实现整个母子公司知识转移传递链条的闭环。知识转移信息化系统或是平台包含数据库的建设与维护、知识或是信息共享平台的建设与维护、企业内部网站的建设等,通过各类型各有作用的信息系统或是平台的搭建,能够提高知识转移的效率,加速母子公司之间的知识转移与反馈,便于母子公司员工接受、传授新知识,并有益于母子公司员工充分利用现有知识储备,并加以创新开发新知识。

7.3.3 有效构建非正式知识传输渠道路径

在中国企业跨国并购逆向知识转移中,显性知识很容易通过书面性文件进行传递,但是隐性知识则难以加以沟通编码,更为直观明确地传递给母公司员工,因而母子公司员工之间的非正式沟通则是很好的补充途径。中国企业跨国并购逆向知识转移过程中必须重视非正式知识传输渠道建设,否则难以实现中国企业并购获取战略性知识资源的根本目的。关于非正式知识传输渠道,可以通过设立职工之家、兴趣俱乐部、内部刊物等途径实现。员工之家,作为员工休息、闲聊或是组织活动的场所,能够实现有效的密切的非正式沟通交流,通过观察、聊天等方式,企业员工之间可以更好地沟通工作经验,进行问题的谈论。俱乐部由企业内部一群共同爱好者组建,基于共同爱好,会更容易消除彼此间的距离感,从而更好地以爱好为出发点,向其他方面沟通交流;或是最直接地组建科学技术类俱乐部,母子公司专业人才共同围绕一个问题进行深入探讨,有利于知识的传递与创新。内部刊物,需要专业的有经验的员工对工作领域中复杂的工作进行高度的概括,从全局高度发现本质规律。对于知识接受者而言,掌握本质的核心的规律,在实践中也很容易验证,从而加深对相关知识的理解。

7.4 提升中国母公司吸收能力的对策与建议

中国企业跨国并购逆向知识转移过程中,母公司作为逆向知识转移的接受方,母公司知识转移能力建设是有效接受子公司所转移知识,并加以挖掘利用的关键,也是逆向知识转移发挥促进母公司协同发展的必要条件。母公司在提升逆向知识转移能力过程中,首先需要重视逆向知识转移,积极主动参与知识转移,还需要发挥创新精神,对他国所转移的知识进行本土化转换,同时必要的绩效考核机制有利于规范母公司员工参与到逆向知识转移过程中。

7.4.1 创新实现逆向知识"本土化"

中国企业跨国并购逆向知识转移过程中,在不断加强知识学习、沟通,提高知识吸收能力的同时,还应当鼓励创新。通过母公司对所转移子公司知识的自主创新,一方面,有益于自主创新能力建设,另一方面有益于反哺子公司,实现协同发展。中国企业跨国并购逆向知识转移的完成应当以能够充分利用所转移子公司知识,深入挖掘子公司知识并加以创新应用为标志。母公司知识吸收能力是将子公司转移知识内部化的过程,对子公司知识、技术资源进行整合,将其融入母公司业务体系中,有益于发挥其潜力,提升母公司产品、服务竞争力,在产品研发、产品设计、产品生产等价值链条中提高附加值,从而推动母公司实现快速发展。

7.4.2 知识接收绩效机制推动知识积累与创造

中国企业跨国并购中员工对该领域或是该行业相关知识的充分了解有助于接受吸收子公司所转移的知识,并加以挖掘,实现再创新,从而使知识转移落到实处。知识接收绩效机制的建设,有利于引导母公司参与到逆向知识转移过程中,同时绩效考核所带来的压力,也有利于员工发挥最大努力,吸收、接纳、积累并加以利用所转移的子公司知识。因而,中国企业在跨国并购逆向知识转移过程中,在强调激励机制建设的同时,不可忽视绩效考核机制这一基本制度的保障。

7.4.3　加强对母公司员工的知识培训

中国企业跨国并购往往选择的是知识水平较之母公司高的公司,因而母子公司通常存在较大的知识距离,同时也会造成母公司难以接受并加以挖掘所转移的子公司知识。因而,有必要对母公司员工进行必要的知识培训,以避免母子公司较大知识差距带来的不利影响。通过对母公司员工相关知识培训,既有利于相关知识的快速掌握与发掘使用,也有利于母公司培养学习意识,鼓励母公司员工参与到逆向知识转移过程中。除了培训机制的建设,还应当将其与绩效考核机制相关联,这样有利于前期知识培训效果的保障,同时引导并树立知识学习为上的企业文化氛围,推进学习型组织的搭建。

7.4.4　摒弃“经验主义”思想

在上文中,通过构建中国企业跨国并购逆向知识转移能力评价指标体系,基于熵权、AHP 权重的三角模糊数—TOPSIS 评价模型对联想 2004 年并购 IBM PC 业务、联想 2014 年并购摩托罗拉进行对比分析。从实证结果来看,联想早在 2004 年就实现了对 IBM PC 业务的有效逆向知识转移,使联想 PC 业务获得长足发展;但是在 2014 年并购摩托罗拉中,并未实现有效逆向知识转移,而联想手机业务也逐年萎缩,最终退出一流手机供应商行列。两次并购所涉及的行业都属于电子产品行业,具有较大的知识相似性,但是结果却截然相反。

在中国企业跨国并购逆向知识转移过程中,更多地需要根据被并购对象的特点,与被并购对象通力协作,才能实现有效的逆向知识转移,从而推动自身发展。因而如果相信经验主义,纯粹按照固有的方式嵌入新并购中实现逆向知识转移,很容易造成逆向知识转移的失败。

7.5　提升子公司传授能力的对策与建议

在中国企业跨国并购逆向知识转移过程中,最受益的是母公司,因而母公司具有较强的学习意愿与主观能动性参与逆向知识转移。母公司通过在逆向知识转移过程中所获得战略性知识资源,可以改善其经营管理,为持续创新提供知识基础,从而有益于发展战略的实现。但是,子公司在逆向知识转移过程中,较少获得收益,因而如何提升子公司逆向知识转移能力,更多地是强调如何调动子公司员工转移意愿,辅以加强知识识别与认知能力建设、知识沟通编码能力建设。

7.5.1 探索有效知识共享机制

在中国企业跨国并购中,为谋求战略性知识资源,中国企业并购的往往是具有先进知识的海外公司。对于在某一行业具有较高声誉与知名度、掌握核心知识与技术的子公司而言,一般会抵触逆向知识转移过程。因为,核心技术、知识的转移,加上国别因素,很容易使子公司员工缺乏安全感,对母公司无归属感。因而,如果不探索有效的知识共享机制,子公司传授能力将出现很大短板,从而影响子公司转移意愿、知识透明程度等。如果造成利益对立,很容易使子公司依托其掌握的核心知识和技术,与母公司对峙谈判,以满足自身利益,使子公司脱离于母公司掌控。因而,在中国企业跨国并购逆向知识转移过程中,在形成良好的信任关系的前提下,还应当在发展战略、企业文化等方方面面,为探讨有效的共享机制提供有效的保障,通过鼓励因素的培养,抵消子公司内部的消极因素,使子公司员工愿意参与到逆向知识转移中,进一步激发子公司员工参与逆向知识转移的积极性与主动性。

母子公司之间信任关系的构建有利于保障逆向知识转移的有效进行,但是最根本的还是应当与子公司形成命运共同体,子公司的逆向知识转移在促进母公司得以发展的同时,母公司也应当为子公司转移子公司知识资源,从而实现母子公司知识转移的闭环,最终实现母子公司的持续协调发展与利益共享。

母子公司形成的紧密命运共同体关系,使子公司在逆向知识转移过程中,主动投入一定的资源以保障知识转移的有效进行。此外,也会持续加强母子公司的信任、默契程度,提高子公司的转移意愿,母公司将会获得更多的知识转移机会,能够获得子公司接触的先进知识资源。命运共同体关系的构建,对知识转移,尤其是隐性知识的转移具有极大的推动作用。隐性知识的传递更多地依靠子公司员工,子公司员工只有积极主动地参与到逆向知识转移过程中来,才能够实现隐性知识的转移。

7.5.2　建立针对子公司有效的业绩考核机制

在上文中介绍了中国企业跨国并购中应当引导子公司,共同建立有效的激励机制,从物质、精神两个关键方面,引导母子公司员工参与到逆向知识转移过程中,从而保障逆向知识转移的有效进行。但仅仅有激励机制是不够的,企业发展需要制度来进行规范,并通过考核来加以明确每个岗位的目标与职责。通过建立知识传授方的业绩考核机制,子公司在对员工参与逆向知识转移的考核应当尽量加以量化,并将员工在逆向知识转移过程中发挥的作用作为员工业绩考核的重要指标之一,通过日常的考核制度建设,对员工的逆向知识转移工作进行日常的管理与监控,辅以物质激励、精神激励,才能使子公司员工不脱离子公司管控,在制度规范下,有效参与到中国企业跨国并购逆向知识转移中,为中国企业跨国并购逆向知识转移提供基本保障。

7.5.3　加强子公司员工相关培训

子公司知识传授能力的建设,需要子公司员工不断提高知识识别与认知能力,不断提高对所识别、认知知识的沟通编码能力,这样才能保证所发掘的有价值的知识资源得以有效传递。对子公司员工的培训,可以包含转移方式、沟通技巧、知识管理等方面;培训方式可以是交流会、讲座、由有经验的人实践中教学等;培训内容既包括子公司现有知识体系,也包括员工岗位责任所涉及的知识,有利于员工发掘知识并进行沟通编码。

7.6　本章小结

本章基于上文逆向知识转移特征、逆向知识转移能力内涵及构成、逆向知识转移能力形成机理及作用机理、基于熵权、AHP 权重的三角模糊数—TOPSIS 评价模型的四个典型中国企业跨国并购逆向知识转移能力实证分析结果,探讨从情景控制、知识内容特性、知识传输渠道、母公司、子公司五个角度出发,提高中国企业跨国并购逆向知识转移能力,为中国企业跨国并购逆向知识转移提供较为系统的、可行的、具有借鉴意义的对策与建议。

结 论

C O N C L U S I O N

在知识经济时代,知识是竞争优势的来源,企业仅依靠自身知识积累已不能满足市场需求,为了维持竞争优势,企业在对外投资过程中越来越重视知识资源作为核心战略性资源所带来的竞争优势,尤其是子公司所在东道国的先进知识和技术更成为跨国公司海外投资主要获取和学习的重要内容,因此企业必须通过并购、合作等方式获取核心知识资源。本书围绕中国企业跨国并购逆向知识转移能力进行研究,着重分析了中国企业跨国并购逆向知识转移中通过哪些能力对逆向知识转移过程和结果产生影响。本书以设计中国企业跨国并购逆向知识转移能力的研究体系为目标,按照"理论与机理分析—作用机制—指标体系与实证分析—实现对策"的行文思路,通过中国企业跨国并购逆向知识转移的理论分析,界定逆向知识转移能力的内涵和构成要素,剖析逆向知识转移形成机理,为中国企业跨国并购逆向知识转移建立理论模型;构建逆向知识转移能力评价指标体系,并运用案例研究和实证研究对逆向知识转移能力评价指标体系进行检验,提出提升中国企业跨国并购逆向知识转移能力的保障性措施。通过分析论证,本书得出以下结论:

(1)中国企业跨国并购逆向知识转移以能力提升为转移基础,以核心竞争力提升为目的。通过梳理中国企业跨国并购逆向知识转移的基础研究,对跨国并购、知识与知识转移、逆向知识转移等相关理论进行分析、整理和定义。由于跨国并购的特殊性、逆向知识转移的主体双方角色发生转变、母公司的知识储备和能力不同、转移成本以及转移机制等存在差异,跨国并购逆向知识转移产生了一些新特点,进而要求中国企业应根据逆向知识转移的新特点提升相应的转移能力。

(2)剖析了逆向知识转移能力的形成机理。中国企业实施跨国并购逆向知识转移主要动因源于创造性资产的寻求、企业战略整合以及国际市场需求导向。而在知识转移主体、内容和载体方面,中国企业已由最初关注东道国市场和文化知识,向关注技术、管理、市场和文化知识的综合层面转移,并根据知识类型不同选择基于编码或基于个人的知识转移渠道。跨国并购逆向知识转移的影响因素较多,且各影响因素之间的交叉程度较高,准确关联影响因素与能力之间的动态关系是形成逆向知识转移能力的关键。

(3)利用网络演化博弈的方法对中国企业跨国并购逆向知识转移的作用机制进行数理仿真。分析网络演化博弈在逆向知识转移研究中的适用性,构建了跨国并购逆向知识转网络演化博弈模型,基于四种经典网络设置了知识量、网络结构、单位成本、努力成本和信号传递噪声等的数值仿真参数,对参数进行分析和计算。研究结果表明,博弈策略的信号传递噪声对母子公司博弈策略的采纳和更新均具有重要影响;母子公司单位成本以及子公司努力成本对母子公司积极策略稳态实现速度的影响均具有可分离特征,而母公司努力成本的影响存在最优区间;子公司之间博弈策略的信号传递和策略的模仿强烈依赖于作为载体的网络结构,无标度网络结构更有利于促成积极策略的传递扩散。

(4)构建了中国企业跨国并购逆向知识转移能力的综合评价指标体系。在逆向知识转移能力评价指标体系的构建中,遵循评价指标设计的基本原则与依据,通过梳理以往学者关于知识转移能力、逆向知识转移能力相关研究,结合中国企业跨国并购逆向知识转移的特征,构建了中国企业跨国并购逆向知识转移能力指标体系和评价模型。根据指标体系的构建和模型的推理,得出以下结果:对熵权法确定的指标权重使用无量纲化后的决策矩阵求出各指标的最优值,效益型指标越大越好,而对于成本型指标而言,指标越小越好;对指标中的最优值所组成的理想中的一个点确定的正理想点和负理想点,效益型指标最优值为最大值,成本型指标最优值为最小值。

(5)通过构建熵权、AHP权重的三角模糊数—TOPSIS评价模型,对中国企业并购逆向知识转移能力进行了实证分析。选取四个较为典型的中国企业并购逆向知识转移案例进行实证分析,一方面探讨了不同行业中国企业并购逆向知识转移能力,另一方面对比了同一企业在不同时间并购不同业务对象时转移能力呈现的特征。实证结果表明,中国企业并购逆向知识转移系统性的能力建设对逆向知识转移能力权重的较大影响,其中吉利并购沃尔沃时学习意愿、知识接受能力、知识挖掘能力、知识识别与认知能力、企业文化、情感距离、组织支撑能力相较于其他企业具有优势,而联想并购摩托罗拉、TCL并购汤姆逊则相应在这类指标能力上存在明显不足。

　　针对中国企业跨国并购逆向知识转移能力的研究处于起步阶段,相关理论和数据较为匮乏,由于能力和时间限制,本书仅对逆向知识转移能力的影响因素、转移机理、作用机制和能力评价等方面进行了探讨,后续仍存在值得进一步探讨的空间,如中国企业采用不同博弈策略更新规则对逆向知识转移博弈结果的影响、逆向知识转移能力对中国企业知识创新能力提升的影响等,有待进一步深入研究。

参考文献

REFERENCE

[1] 凤祥. 知识经济:内涵和意义[J]. 国际技术经济研究,1998(4):64.

[2] 曾建权,郑丕谔,马艳华. 论知识经济时代的人力资源管理[J]. 管理科学学报,2000(2):84-89.

[3] 周昕. 知识经济时代人力资源管理的新发展[J]. 知识经济,2010(5):13.

[4] LIU A, FU S N, XIAO Z H. Study on risk assessment of overseas merger and acquisition knowledge integration based on character-weighted set pair[J]. Cluster Computing, 2019,22(2):2689-2700.

[5] 韩永彩. 金融危机后美国"供给侧"改革效应:兼论中美贸易特征事实[J]. 当代经济管理,2017,39(8):46-54.

[6] 孟仲伟. 2016年全球并购交易市场回顾及展望[J]. 国际经济合作,2017(1):31-34.

[7] 吴先明,苏志文. 将跨国并购作为技术追赶的杠杆:动态能力视角[J]. 管理世界,2014(4):146-164.

[8] 颜士梅. 创业型并购不同阶段的知识员工整合风险及其成因:基于 ASA 模型的多案例分析[J]. 管理世界,2012(7):108-123,166,187-188.

[9] 苏屹,姜雪松,雷家骕,等. 区域创新系统协同演进研究[J]. 中国软科学,2016(3):44-61.

[10] JIANG G F,HOLBURN G L F,BEAMISH P W. The impact of vicarious experience on foreign location strategy[J]. Journal of International Management, 2014, 20(3):345-358.

[11] 刘明霞,于飞. 中国跨国公司逆向知识转移组织机制的实证研究[J]. 科学学研究,2013,31(8):1242-1251.

[12] 李钧.跨国公司研发投资对东道国影响研究综述:基于发展中东道国创新能力视角[J]. 华东师范大学学报(哲学社会科学版),2007,39(3):

109-114.

[13] 乌家培. 谈信息经济与知识经济[J]. 情报资料工作, 1998(4):3-7.

[14] CUERVO-CAZURRA A, GENC M. Transforming disadvantages into advantages: Developing-country MNEs in the least developed countries[J]. Journal of International Business Studies, 2008, 39(6):957-979.

[15] SINKOVICE R R, ROATH A S, CAVUSGIL S T. International integration and coordination in MNEs[J]. Management International Review, 2011, 51(2): 121-127.

[16] 高钰. 中国制造业跨国企业母子公司双向知识转移机制研究[D]. 杭州: 浙江大学, 2013.

[17] KOGUT B, ZANDER U. Knowledge of the firm and the evolutionary theory of the multinational corporation[J]. Journal of International Business Studies, 2003, 34(6):516-529.

[18] MANSFIELD E, ROMEO A. "Reverse" transfers of technology from overseas subsidiaries to American firms[J]. IEEE Transactions on Engineering Management, 1984, 31(3):122-127.

[19] HÅKANSON L, NOBEL R. Determinants of foreign R&D in Swedish multinationals[J]. Research Policy, 1993, 22(5-6):397-411.

[20] ALMEIDA P, SONG J, GRANT R M. Are firms superior to alliances and markets? An empirical test of cross-border knowledge building[J]. Organization Science, 2002,13(2):147-161.

[21] BERDROW I, LANE H W. International joint ventures: creating value through successful knowledge management[J]. Journal of World Business, 2003, 38 (1):15-30.

[22] AMBOS T C, AMBOS B, SCHLEGELMILCH B. Learning from foreign subsidiaries: An empirical investigation of headquarters' benefits from reverse knowledge transfers[J]. International Business Review, 2006, 15(3):294-312.

[23] SCHOTTER A, BONTIS N. Intra-organizational knowledge exchange: an examination of reverse capability transfer in multinational corporations[J]. Journal of Intellectual Capital, 2009, 10(10):149-164.

[24] EDEN L. Letter from the Editor-in-Chief: reverse knowledge transfers, culture

clashes and going international[J]. Journal of International Business Studies, 2009, 40(2):177-180.

[25] MCGUINNESS M, DEMIRBAG M, BANDARA S. Towards a multi-perspective model of reverse knowledge transfer in multinational enterprises: a case study of Coats plc[J]. European Management Journal, 2013, 31(2):179-195.

[26] PARK C, VERTINSKY I. Reverse and conventional knowledge transfers in international joint ventures[J]. Journal of Business Research, 2016, 69(8): 2821-2829.

[27] NONAKA I, VON KROGH G . Tacit knowledge and knowledge conversion: controversy and advancement in organizational knowledge creation theory[J]. Organization Science, 2009, 20(3):635-652.

[28] HÅKANSON L, NOBEL R. Organizational characteristics and reverse technology transfer[J]. Management International Review, 2001, 41(4): 395-420.

[29] NAJAFI-TAVANI Z, GIROUD A, SINKOVICS R R. Mediating effects in reverse knowledge transfer processes:the case of knowledge-intensive services in the U. K. [J]. Management International Review, 2012, 52(3):461-488.

[30] SZULANSKI G. Sticky knowledge: barriers to knowing in the firm[M]. SAGE Publications, 2003.

[31] SZULANSKI G. Exploring internal stickiness: impediments to the transfer of best practice within the firm[J]. Strategic Management Journal, 1996, 17 (S2):27-43.

[32] FOSS N J, PEDERSEN T. Transferring knowledge in MNCs: the role of sources of subsidiary knowledge and organizational context[J]. Journal of International Management, 2002, 8(1):49-67.

[33] BUCKLEY P J. The impact of the global factory on economic development[J]. Journal of World Business, 2009, 44(2):131-143.

[34] AMBOS T C, ANDERSSON U, BIRKINSHAW J. What are the consequences of initiative-taking in multinational subsidiaries? [J]. Journal of International Business Studies, 2010, 41(7):1099-1118.

[35] GUPTA A K, GOVINDARAJAN V. Knowledge flows within multinational cor-

porations[J]. Strategic Management Journal, 2000, 21(4):473-496.

[36] PELTOKORPI V. Corporate language proficiency and reverse knowledge transfer in multinational corporations: interactive effects of communication media richness and commitment to headquarters[J]. Journal of International Management, 2015, 21(1):49-62.

[37] BJÖRKMAN I, BARNER-RASMUSSEN W, LI L. Managing knowledge transfer in MNCs: the impact of headquarters control mechanisms[J]. Journal of International Business Studies, 2004, 35(5):443-455.

[38] PERSSON M. The impact of operational structure, lateral integrative mechanisms and control mechanisms on intra-MNE knowledge transfer[J]. International Business Review, 2006, 15(5):547-569.

[39] TUAN L T. Behind knowledge transfer[J]. Management Decision, 2012, 50 (3-4):459-478.

[40] LAM A. Embedded firms, embedded knowledge: problems of collaboration and knowledge transfer in global cooperative ventures [J]. Organization Studies, 1997, 18(6):973.

[41] ALBINO V, GARAVELLI A C, GORGOGLIONE M . Organization and technology in knowledge transfer[J]. Benchmarking: An International Journal, 2004, 11(6):584-600.

[42] YANG Q, MUDAMBI R, MEYER K E. Conventional and reverse knowledge flows in multinational corporations? [J]. Journal of Management, 2008, 34 (5):882-902.

[43] THOMPSON M, WALSHAM G. Placing knowledge management in context [J]. Journal of Management Studies, 2004, 41(5):725-747.

[44] HEDLUND G. A model of knowledge management and the N-Form corporation [J]. Strategic Management Journal, 1986, 15(S2):73-90.

[45] TEECE D J, PISANO G, SHUEN A. Dynamic capabilities and strategic management[J]. Strategic Management Journal, 1986, 18(7): 509-533.

[46] SZULANSKI G. The process of knowledge transfer: a diachronic analysis of stickiness[J]. Organizational Behavior and Human decision processes, 2000, 82(1):9-27.

[47] MUDAMBI R, PISCITELLO L, RABBIOSI L. Reverse knowledge transfer in MNEs: subsidiary innovativeness and entry modes[J]. Long Range Planning, 2014, 47(S1):49-63.

[48] NAIR S R, DEMIRBAG M, MELLAHI K. Reverse knowledge transfer from overseas acquisitions: a survey of Indian MNEs[J]. Management International Review, 2015, 55(2):277-301.

[49] RADHAKRISHNAN A, ZU X, GROVER V. A process-oriented perspective on differential business value creation by information technology: an empirical investigation[J]. Omega, 2006, 36(6):1105-1125.

[50] ZAHRA S A, GEORGE G. Absorptive capacity: a review, reconceptualization, and extension[J]. Academy of Management Review, 2002, 27(2):185-203.

[51] LE N H, EVANGELISTA F. Acquiring tacit and explicit marketing knowledge from foreign partners in IJVs[J]. Journal of Business Research, 2007, 60(11):1152-1165.

[52] MU J F, TANG F C, MACLACHLAN D L. Absorptive and disseminative capacity: knowledge transfer in intra-organization networks[J]. Expert Systems with Applications, 2010, 37(1):31-38.

[53] KOSTOPOULOS K, PAPALEXANDRIS A, PAPACHRONI M. Absorptive capacity, innovation, and financial performance[J]. Journal of Business Research, 2011, 64(12):1335-1343.

[54] MINBAEVA D, PEDERSEN T, BJÖRKMAN I, et al. MNC knowledge transfer, subsidiary absorptive capacity and HRM[J]. Journal of International Business Studies, 2014, 45(1):38-51.

[55] VERMA V, BHARADWAI S S, NANDA M. Comparing agility and absorptive capacity for superior firm performance in dynamic environment [J]. International Journal of Business Environment, 2017, 9(1):1-17.

[56] 刘明霞. 跨国公司逆向知识转移研究述评[J]. 管理学报, 2012, 9(3):356-363.

[57] 易加斌, 张曦. 国际并购逆向知识转移影响因素研究述评与展望[J]. 外国经济与管理, 2013, 35(7):12-22, 34.

[58] 吴昌南, 曾小龙. 西方跨国公司逆向知识转移研究综述[J]. 经济评论,

2013(1):145-151.

[59] 赵剑波,吕铁.中国企业如何从"逆向并购"到"逆向吸收"?:以工程机械制造业跨国并购为例[J].经济管理,2016,38(7):35-47.

[60] 蒋陆军,李静.我国企业跨国并购中的逆向知识转移问题研究[J].现代管理科学,2016(8):100-102.

[61] 杜丽虹,吴先明.跨国公司逆向知识转移的母公司作用机制:基于战略和能力视角[J].科技管理研究,2017,37(9):149-156.

[62] 肖振红,刘昂,周文.网络演化博弈视角下的跨国公司逆向知识转移动态过程研究[J].管理评论,2017,29(11):159-170.

[63] 任晓燕,杨水利.发展中国家企业并购发达国家企业的逆向知识转移影响因素研究[J].科技管理研究,2015,35(10):169-174.

[64] 易凌峰,侯英姿.跨国公司外派的组织学习机制模型:基于逆向知识转移视角[J].华东师范大学学报(哲学社会科学版),2010,42(6):93-97.

[65] 李柏洲,徐广玉.内部控制机制对知识粘滞与知识转移绩效关系的影响研究[J].管理评论,2013,25(7):99-110.

[66] 刘国巍,张停停.跨国公司逆向知识转移网络:内涵、模型与机制:基于ESS和CAS理论分析视角[J].科技进步与对策,2015,32(7):122-128.

[67] 刘明霞.中国跨国公司逆向知识转移研究[M].北京:中国社会科学出版社,2012.

[68] 陈伟,杨佳宁,康鑫.企业技术创新过程中知识转移研究:基于信息论视角[J].情报杂志,2011,30(12):120-124.

[69] 尤天慧,李飞飞.组织知识转移能力评价方法及提升策略[J].科技进步与对策,2010,27(14):121-124.

[70] 王建刚,吴洁.网络结构与企业竞争优势:基于知识转移能力的调节效应[J].科学学与科学技术管理,2016,37(5):55-66.

[71] 杜丽虹,吴先明.吸收能力、制度环境与跨国公司逆向知识转移:基于中国海外投资企业的问卷调研[J].科学学研究,2013,31(4):596-604.

[72] 骆家骁,崔永梅,张秋生.企业并购内部控制与风险管理:理论·实务·案例[M].大连:大连出版社,2010.

[73] 叶建木.跨国并购的理论与方法研究[D].武汉:武汉理工大学,2003.

[74] SHIMIZU K, HITT M A, VAIDYANATH D, et al. Theoretical foundations of

cross-border mergers and acquisitions: a review of current research and recommendations for the future[J]. Journal of International Management, 2004, 10 (3):307-353.

[75] MOELLER S B, SCHLINGEMANN F P. Global diversification and bidder gains: a comparison between cross-border and domestic acquisitions [J]. Journal of Banking and Finance, 2005, 29(3):533-564.

[76] 谢洪明, 章俨. 跨国并购研究前沿及理论基础的演进:基于知识图谱的分析[J]. 华南理工大学学报(社会科学版), 2017, 19(2):1-14,77

[77] DUNNING J H. Reappraising the eclectic paradigm in an age of alliance capitalism[J]. Journal of International Business Studies, 1995, 26(3):461-491.

[78] 朱宝宪. 公司并购与重组[M]. 北京:清华大学出版社, 2006.

[79] 路艳飞. 基于EVA的跨国并购绩效研究:以三一重工并购普茨迈斯特为例[D]. 成都:西南财经大学, 2016.

[80] DIERICKX I, COOL K. Asset stock accumulation and sustainability of competitive advantage[J]. Management Science, 1989, 35(12):1504-1511.

[81] 杨兴锐. 中国企业跨国并购的价值创造机制研究[M]. 北京:经济科学出版社, 2017.

[82] COASE R H. Essays on economics and economists[M]. Chicago:University of Chicago Press, 1994.

[83] HENNART J F. A transaction costs theory of equity joint ventures[J]. Strategic Management Journal, 1988, 9(4):361-374.

[84] HARZING A W. Acquisitions versus greenfield investments: international strategy and management of entry modes[J]. Strategic Management Journal, 2002, 23(3):211-227.

[85] BREMUS F M. Cross-border banking, bank market structures and market power: theory and cross-country evidence[J]. Journal of Banking and Finance, 2015, 50(C):242-259.

[86] 朱勤. 全球价值链中地方产业国际市场势力的拓展:以浙江鞋业为例[J]. 商业经济与管理, 2008,199(5):50-54.

[87] 张晓明, 闫申. 中国光伏产业市场势力与并购绩效的实证研究[J]. 中央财经大学学报, 2015(7):98-105.

［88］白玉，吴小林，唐茹，等. 从企业并购看多元化经营的风险［J］. 武汉理工大学学报，2000，22（6）：87-89.

［89］HAEKKINEN L, HILMOLA O P. Integration and synergies of operations in horizontal M&A［J］. International Journal of Management and Enterprise Development，2005，2（3）：288-305.

［90］谢红军，蒋殿春. 竞争优势、资产价格与中国海外并购［J］. 金融研究，2017（1）：83-98.

［91］李青原. 资产专用性与公司纵向并购财富效应：来自我国上市公司的经验证据［J］. 南开管理评论，2011，14（6）：116-127.

［92］ROZEN-BAKHER Z. Comparison of merger and acquisition（M&A）success in horizontal，vertical and conglomerate M&As：industry sector vs. services sector ［J］. Service Industries Journal，2017，38（1）：1-27.

［93］徐波，姜秀珍，吴清. 中国企业跨国并购的支付方式及其影响［J］. 经济问题探索，2005（6）：41-43.

［94］何培华. 外资并购法律问题研究［D］. 北京：中国政法大学，2005.

［95］任浩，张同健，任文举. 基于面板数据的协议收购和要约收购绩效差异性研究［J］. 企业经济，2014（6）：37-41.

［96］徐孟洲，葛敏. 委托书收购的立法思考［J］. 法学杂志，2001（1）：22-24.

［97］贾立. 杠杆收购：并购融资创新路径探讨［J］. 理论探讨，2006（3）：69-71.

［98］PABLO A L, SITKIN S B, JEMISON D B. Acquisition decision-making processes：the central role of risk［J］. Journal of Management，1996，22（5）：723-746.

［99］潘爱玲. 跨国并购中文化整合的流程设计与模式选择［J］. 南开管理评论，2004（6）：104-109.

［100］胥朝阳. 企业并购风险的因素识别与模糊度量［J］. 商业时代，2004（15）：22-23.

［101］崔永梅，余璇. 基于流程的战略性并购内部控制评价研究［J］. 会计研究，2011（6）：57-62.

［102］MORCK R, YEUNG B, ZHAO M. Perspectives on China's outward foreign direct investment［J］. Journal of International Business Studies，2008，39（3）：337-350.

[103] CANABAL A, WHITE G O. Entry mode research:past and future[J]. International Business Review, 2008, 17(3):267-284.

[104] 李平, 徐登峰. 中国企业对外直接投资进入方式的实证分析[J]. 国际经济合作, 2010(5):86-94.

[105] DAVENPORT T H. Putting the enterprise into the enterprise system[J]. Harvard Business Review, 1998, 76(4):121-131.

[106] NONAKA I, TAKEUCHI H. The knowledge-creating company[M]. U. K.: Oxford University Press, 1995.

[107] REID L A, POLANYI M. Personal knowledge:towards a post-critical philosophy[J]. British Journal of Educational Studies, 1959, 8(1):66.

[108] 肖久灵. 我国海外企业知识转移与绩效评价[M]. 北京:经济科学出版社,2007.

[109] 宁东玲. 知识吸收能力的维度测量研究[J]. 科技管理研究, 2013(21): 234-238.

[110] 王一飞. 基于组织学习的中小企业知识转移研究[D]. 哈尔滨:哈尔滨工程大学, 2012.

[111] VERKASOLO M, LAPPALAINEN P. A method of measuring the efficiency of the knowledge utilization process[J]. IEEE Transactions on Engineering Management, 1998, 45(4):414-423.

[112] 杨栩, 肖蔺, 廖姗. 知识转移渠道对知识转移的作用机制:知识粘性前因的中介作用和治理机制的调节作用[J]. 管理评论, 2014(9):89-99.

[113] ARGOTE L M, INGRAM P. Knowledge transfer:a basis for competitive advantage in firms[J]. Organizational Behavior & Human Decision Processes, 2000, 82(1):150.

[114] 陈伟, 杨佳宁, 康鑫. 企业技术创新过程中知识转移研究:基于信息论视角[J]. 情报杂志, 2011(12):120-124.

[115] PABLOS P. Measuring and reporting structural capital[J]. Journal of Intellectual Capital, 2004,5(4):629-647.

[116] 李柏洲, 汪建康. 基于网络的母子公司跨国知识转移研究[J]. 生产力研究, 2007(11):121-123.

[117] GILBERT M, CORDEY-HAYES M. Understanding the process of knowledge

transfer to achieve successful technological innovation[J]. Technovation:The International Journal of Technological Innovation,Entrepreneurship and Technology Management, 1996, 16(6):301-312.

[118] LAHTI R K, BEYERLEIN M M. Knowledge transfer and management consulting: a look at "The firm"[J]. Business Horizons, 2000, 43(1):65-74.

[119] 魏江,王铜安. 个体、群组、组织间知识转移影响因素的实证研究[J]. 科学学研究, 2006(1):91-97.

[120] 胡汉辉,潘安成. 组织知识转移与学习能力的系统研究[J]. 管理科学学报, 2006(3):81-87.

[121] RUTTAN V W. Induced innovation and agricultural development[J]. Food Policy, 1977, 2(3):196-216.

[122] NONAKA I. A dynamic theory of organizational knowledge creation[M]. Organization Science, 1994, 5(1): 14-37.

[123] WIIG K M. Knowledge management: an introduction and perspective[J]. Journal of Knowledge Management, 1997, 1(1):6-14.

[124] SZULANSKI G. The process of knowledge transfer: A diachronic analysis of stickiness[J]. Organizational Behavior and Human Decision Processes, 2000, 82(1):9.

[125] BUCKLEY P J, CASSON M. The optimal timing of a foreign direct investment [J]. The Economic Journal, 1981, 91(361):75-87.

[126] VERNON R. The multinational enterprise: power versus sovereignty[J]. Foreign Affairs:an American Quarterly Review, 1971, 49(4):736-751.

[127] 吴先明,等. 创造性资产与中国企业国际化[M]. 北京:人民出版社, 2008.

[128] KUEMMERLE W. The drivers of foreign direct investment into research and development: an empirical investigation[J]. Journal of International Business Studies, 1999, 30(1):1-24.

[129] 肖振红,胡运权. 企业并购中目标企业最佳搜寻次数分析[J]. 财会通讯:上, 2007(3):44-45.

[130] YANG Q, MUDAMBI R, MEYER K E. Conventional and reverse knowledge flows in multinational corporations? [J]. Journal of Management, 2008, 34

（5）:882-902.

[131] 陈伟,潘伟,杨早立. 知识势差对知识治理绩效的影响机理研究[J]. 科学学研究,2013(12):1864-1871.

[132] GOLD A H, MALHOTRA A, SEGARS A H. Knowledge management: an organizational capabilities perspective[J]. Journal of Management Information Systems, 2001, 18(1):185-214.

[133] MARTIN X, SALOMON R. Tacitness, learning, and international expansion: a study of foreign direct investment in a knowledge-intensive industry[J]. Organization Science, 2003, 14(3):297-311.

[134] DUNNING J H. Explaining the international direct investment position of countries: towards a dynamic or developmental approach[J]. Weltwirtschaftliches Archiv, 1981, 117(1):30-64.

[135] 周伟. 我国企业创造性资产寻求型 FDI 的最新动向研究:基于联想跨国并购 IBM PC 业务的案例分析[J]. 科技与管理,2006(1):17-20.

[136] 吴先明. 中国企业对发达国家的逆向投资:创造性资产的分析视角[J]. 经济理论与经济管理,2007(9):52-57.

[137] 刘明霞. 创造性资产寻求型 FDI:发展中国家跨国公司的新趋势和新挑战[J]. 财贸经济,2009(4):83-87.

[138] 张君. 创造性资产寻求视角下跨国并购绩效分析:以联想并购摩托罗拉为案例[J]. 商业研究,2016(7):129-137.

[139] HOBDAY M. Innovation in East Asia: Diversity and development[J]. Technovation, 1995, 15(2):55-63.

[140] 杜丽虹. 中国海外投资企业逆向知识转移作用机制:基于母公司视角[M]. 北京:世界图书出版公司,2016.

[141] SIEDSCHLAG I, SMITH D, TURCU C, et al. What determines the location choice of R&D activities by multinational firms? [J]. Research Policy, 2013, 42(8):1420-1430.

[142] BOISOT M, CANALS A. Data, information and knowledge: have we got it right? [J]. Journal of Evolutionary Economics, 2004, 14(1):43-67.

[143] 郑刚,郭艳婷. 新型技术追赶与动态能力:家电后发企业多案例研究[J]. 科研管理,2017,38(7):62-71.

［144］GUPTA A K, GOVINDARAJAN V. Knowledge flows within multinational cor-porations［J］. Strategic Management Journal, 2000, 21(4):473-496.

［145］AMBOS B, SCHLEGELMILCH B B. Innovation and control in the multina-tional firm: a comparison of political and contingency approaches［J］. Strategic Management Journal, 2007, 28(5):473-486.

［146］POLANYI M. Tacit knowing: its bearing on some problems of philosophy［J］. Review of Modern Physics, 1962, 34(4):601-616.

［147］于鹏. 跨国公司内部的知识转移研究［M］. 北京:知识产权出版社, 2011.

［148］于鹏, 曲明军. 跨国公司内部知识转移机制研究［J］. 山东社会科学, 2006(3):99-101.

［149］陈智高, 郭文婷. 企业知识的载体、交汇与转载［J］. 信息系统学报, 2009 (1):25-33.

［150］席旭东, 余光胜. 基于默会知识共享的企业知识管理［J］. 管理世界, 2005(11):162-163.

［151］郭韬, 楼瑜, 滕响林. 基于复杂性理论的企业知识创新系统研究［J］. 情报杂志, 2008(4):112-115.

［152］SIMONIN B L. Ambiguity and the process of knowledge transfer in strategic al-liances［J］. Strategic Management Journal, 1999, 20(7):595-623.

［153］周俊, 袁建新. 领域知识专用性投资对接收方机会主义行为的影响与治理［J］. 管理评论, 2015, 27(11):170-180.

［154］周俊. 领域知识专用性投资对投资方能力构建的作用［J］. 科研管理, 2017, 38(6):108-115.

［155］MUDAMBI R, NAVARRA P. Is knowledge power? Knowledge flows, subsid-iary power and rent-seeking within MNCs［J］. Journal of International Business Studies, 2004, 35(5):385-406.

［156］SCHLEGELMILCH B B, CHINI T C. Knowledge transfer between marketing functions in multinational companies: a conceptual model［J］. International Business Review, 2003, 12(2):215-232.

［157］陈博. 知识距离与知识定价［J］. 科学学研究, 2007, 25(1):14-18.

［158］周密, 赵文红, 宋红媛. 基于知识特性的知识距离对知识转移影响研究［J］. 科学学研究, 2015, 33(7):1059-1068.

［159］黄嫚丽，张慧如，刘朔. 中国企业并购经验与跨国并购股权的关系研究
［J］. 管理学报，2017，14（8）：1134-1142.

［160］TSAI W，GHOSHAL S. Social capital and value creation：the role of intrafirm
networks［J］. Academy of Management Journal，1998，41（4）：464-476.

［161］DAVENPORT T H，PRUSAK L. Working knowledge：how organizations man-
age what they know［M］. Boston：Mass Harvard Business School Press，1998.

［162］SZULANSKI G. Exploring internal stickiness：impediments to the transfer of
best practice within the firm［J］. Strategic Management Journal，1996，17
（S2）：27-43.

［163］COHEN W M，LEVINTHAL D A. Absorptive capacity：a new perspective on
learning，and innovation［J］. Administrative Science Quarterly，1990，35（1）：
128-152.

［164］刘常勇，谢洪明. 企业知识吸收能力的主要影响因素［J］. 科学学研究，
2003（3）：307-310.

［165］钱锡红，杨永福，徐万里. 企业网络位置、吸收能力与创新绩效：一个交互
效应模型［J］. 管理世界，2010（5）：118-129.

［166］MARTIN X，SALOMON R. Knowledge transfer capacity and its implications
for the theory of the multinational corporation［J］. Journal of International
Business Studies，2003，34（4）：356-373.

［167］AMBOS T C，AMBOS B. The impact of distance on knowledge transfer effec-
tiveness in multinational corporations ［J］. Journal of International
Management，2009，15（1）：1-14.

［168］QIN C，RAMBURUTH P，WANG Y. A conceptual model of cultural
distance，MNC subsidiary roles，and knowledge transfer in China-based sub-
sidiaries［J］. Organizations and Markets in Emerging Economies，2011，
2（2）：8-27.

［169］徐金发，许强，顾惊雷. 企业知识转移的情境分析模型［J］. 科研管理，
2003（2）：54-60.

［170］陈怀超，蒋念，范建红. 转移情境影响母子公司知识转移的系统动力学建
模与分析［J］. 管理评论，2017，29（12）：62-71.

［171］贾镜渝，李文. 距离、战略动机与中国企业跨国并购成败：基于制度和跳

板理论[J]. 南开管理评论, 2016, 19(6):122-132.

[172] AMBOS T C, AMBOS B, SCHLEGELMILCH B B. Learning from foreign subsidiaries: an empirical investigation of headquarters' benefits from reverse knowledge transfers[J]. International Business Review, 2006, 15(3):294-312.

[173] 杜丽虹, 吴先明. 跨国公司逆向知识转移母公司影响因素的前沿研究[J]. 商业经济与管理, 2014(5):60-67.

[174] NAIR S R, DEMIRBAG M, MELLAHI K. Reverse knowledge transfer in emerging market multinationals: The Indian context[J]. International Business Review, 2016, 25(1):152-164.

[175] FORS G. Utilization of R&D results in the home and foreign plants of multinationals[J]. The Journal of Industrial Economics, 1997, 34(2):341-358.

[176] JEONG G Y, CHAE M S, PARK B I. Reverse knowledge transfer from subsidiaries to multinational companies: focusing on factors affecting market knowledge transfer[J]. Canadian Journal of Administrative Sciences, 2017(3):291-305.

[177] NAJAFI-TAVANI Z, ZAEFARIAN G, NAUDÉ P, et al. Reverse knowledge transfer and subsidiary power[J]. Industrial Marketing Management, 2015, 48(3):103-110.

[178] 黄中伟, 王宇露. 位置嵌入、社会资本与海外子公司的东道国网络学习:基于123家跨国公司在华子公司的实证[J]. 中国工业经济, 2008(12):144-154.

[179] MUDAMBI R, PISCITELLO L, RABBIOSI L. Reverse knowledge transfer in MNEs: subsidiary innovativeness and entry modes[J]. Long Range Planning: International Journal of Strategic Management, 2014, 47(1-2):49-63.

[180] 闵成基, 杨震宁, 王以华. 权力依附关系和关系嵌入对知识流入的影响:以跨国公司在华子公司为例[J]. 科学学研究, 2010(3):412-419,435.

[181] BANDARA D S. Towards a multi-perspective model of reverse knowledge transfer in multinational enterprises: a case study of coats plc[J]. European Management Journal, 2013, 31(2):179-195.

[182] 汪小帆, 李翔, 陈关荣. 网络科学导论[M]. 北京: 高等教育出版

153

社，2012.

[183] COHEN W M, LEVINTHAL D A. Absorptive capacity: a new perspective on learning and innovation [J]. Administrative Science Quarterly, 1990, 35 (1):128-152.

[184] HAMEL G. Competition for competence and inter-partner learning within international strategic alliances[J]. Strategic Management Journal, 1991, 12 (S1):83-103.

[185] SCHLEGELMILCH B, AMBOS T C. Knowledge transfer between marketing functions in multinational companies: a conceptual model[J]. International Business Review, 2003, 12(2):215-232.

[186] 岳翠霞，吉久名. 高校图书馆知识转移能力评估研究[J]. 情报探索，2009(7):27-29.

[187] 吴碧蓉. 基于层次分析法的图书馆知识转移能力评价模型研究[J]. 现代情报，2009, 29(8):16-20.

[188] 何永清，张庆普. 基于模糊一致偏好关系的知识吸收能力评价研究[J]. 情报理论与实践，2013(1):69-73,42.

[189] 徐晓钰，李玲. 企业信息化过程中知识转移能力研究[J]. 科技和产业，2008, 8(4):62-65.

[190] 杨东红，李阳，朱丽陶. 知识吸收能力与服务创新相关性研究[J]. 科技和产业，2015, 15(10):55-59,64.

[191] LIU A, XIAO Z H, FU S N. Knowledge integration effect in the process of mergers and acquisitions based on entropy weight method[J]. Revista de la Facultad de Ingenieria, 2016, 31(12):143-150.

附　录

A P P E N D I X

AHP 权重比较矩阵

	C_{11}	C_{12}	C_{13}	C_{21}	C_{22}	C_{23}	C_{24}	C_{31}	C_{32}	C_{33}	C_{34}	C_{35}	C_{36}	C_{41}	C_{42}	C_{43}	C_{51}	C_{52}	C_{53}	C_{54}
C_{11}	1	3	3	1	1/3	5	1	1/5	1/7	1/3	1	1/3	1	1/5	1/5	1/7	3	1/3	1/5	3
C_{12}		1	1	1/3	1/5	1	1/3	1/7	1/9	1/5	1/3	1/5	1/3	1/7	1/7	1/9	1	1/5	1/9	1
C_{13}			1	1/3	1/5	1	1/3	1/7	1/9	1/5	1/3	1/5	1/3	1/7	1/7	1/9	1	1/5	1/9	1
C_{21}				1	1/3	5	1	1/5	1/7	1/3	1	1/3	1	1/5	1/5	1/7	3	1/3	1/5	3
C_{22}					1	5	3	1/3	1/5	1	3	1	3	1/3	1/3	1/5	5	1	1/5	5
C_{23}						1	1/3	1/7	1/9	1/5	1/3	1/5	1/3	1/7	1/7	1/9	1	1/5	1/9	1
C_{24}							1	1/5	1/7	1/3	1	1/3	1	1/5	1/5	1/7	3	1/3	1/5	3
C_{31}								1	1/3	3	5	3	5	1	1	1/3	7	3	1/3	7
C_{32}									1	5	7	5	7	3	3	1	9	5	1	9
C_{33}										1	3	1	3	1/3	1/3	1/5	5	1	1/5	5
C_{34}											1	1/3	1	1/5	1/5	1/7	3	1/3	1/5	3
C_{35}												1	3	1/3	1/3	1/5	5	1	1/5	5
C_{36}													1	1/5	1/5	1/7	3	1/3	1/5	3
C_{41}														1	1	1/3	7	3	1/3	7
C_{42}															1	1/3	7	3	1/3	7
C_{43}																1	9	5	1	9
C_{51}																	1	1/5	1/9	1
C_{52}																		1	1/5	5
C_{53}																			1	9
C_{54}																				1

（一致性检验：0.036 5）